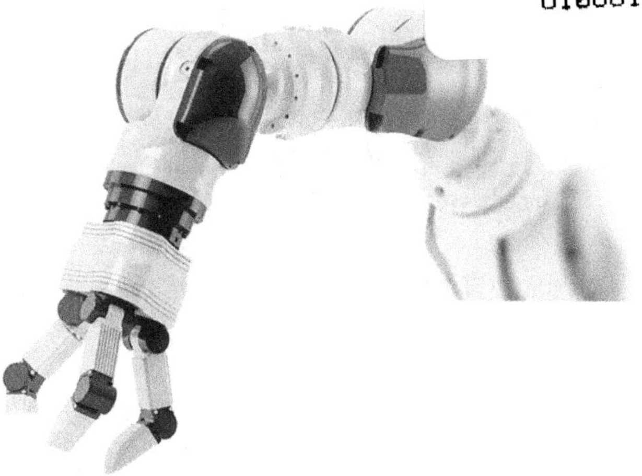

高端制造业企业创新绩效影响因素评估分析

刘志强 陈旭婻 著

群言出版社
QUNYAN PRESS
·北京·

图书在版编目（CIP）数据

高端制造业企业创新绩效影响因素评估分析 / 刘志强，陈旭婻著 . -- 北京：群言出版社，2022.12
ISBN 978-7-5193-0756-1

Ⅰ . ①高… Ⅱ . ①刘… ②陈… Ⅲ . ①制造工业—工业企业管理—研究—中国 Ⅳ . ① F426.4

中国版本图书馆 CIP 数据核字（2022）第 159183 号

责任编辑：李群　张启超
封面设计：李士勇

出版发行：群言出版社
地　　址：北京市东城区东厂胡同北巷 1 号（100006）
网　　址：www.qypublish.com（官网书城）
电子信箱：qunyancbs@126.com
联系电话：010-65267783　65263836
法律顾问：北京法政安邦律师事务所
经　　销：全国新华书店

印　　刷：北京虎彩文化传播有限公司
版　　次：2022 年 12 月第 1 版
印　　次：2022 年 12 月第 1 次印刷
开　　本：720mm × 1020mm　1/16
印　　张：9
字　　数：150 千字
书　　号：ISBN 978-7-5193-0756-1
定　　价：58.00 元

目 录

第1章

影响评估测度概述

1.1　第三方评估概述

第三方评估，是由独立于政府及其部门之外的第三方组织对政策制定、社会服务项目等方面做出科学性的评估方式，也称外部评估。随着各类研究方法的不断成熟，第三方评估在各个领域也得到迅猛发展，如财政预算评估、精准脱贫、“一带一路”倡仪评估等。在进行各类评估时，第三方评估不仅有制衡与监督的作用，同时还可以弥补内部自评的不足[1]。

第三方评估的核心特征主要为公正性、独立性、专业性、权威性等。独立性是保证评估结果公正的起点，而专业性与权威性则是保证评估结果公正性的基础[2]。另外，为保证第三方评估的公正性和权威性，第三方评估还具有客观性、公开性、实效性等特征，从不同角度保证第三方评估组织的评估质量与可信度。

1.2 第三方评估的边际拓展

政策评估之前的影响评估测度是政策评估的理论基础和量化科学规范依据，但是这方面的工作当前一直未受到足够的重视。如果没有必要的影响评估测度，相应的第三方评估，从方法论角度，存在不够规范、科学、系统的问题；从实用性角度，缺失聚焦于具体问题的相关影响因素系统科学评估。无论是第三方评估的理论依据，还是第三方评估结论的政策应用，都会存在理论基石不完整、缺失，相应结论的政策建议也如风中柳絮，不是真正信实可靠。也即是在对某政策进行评估时先对其影响因素进行相应的且必要的评估，不仅能够为相关第三方评估科学性和效能提供基础支撑，还能为相关第三方评估结论的政策应用提供量化参考。

1.3 影响评估的内涵与功用

1.3.1 影响评估的内容

（1）影响因素和量化检测

系统分析理论

系统分析理论认为，一套完整的政治系统主要是由环境、政治系统、输入、输出、反馈、支持六个要素组成，其中保证系统能够稳定运行的原因是几者依次串联，形成一个连续的回路。如果不能形成稳定的回路，政治系统就会面临风险[3]。在评估过程中，如果能够解决各评估阶段间相互分割、信息沟通较少的问题，就能够从整体上方便信息沟通，促进评估结果的完整性和系统性。

委托代理理论

委托代理理论的核心内容就是指由于代理人和委托人双方目标函数不一致，而且存在不确定性和信息不对称，代理人有可能偏离委托人的目标函数，而委托人难以观察并监督，就会出现代理人为追求自身利益最大化而损害委托人利益的委托代理问题。一方面由于委托人不可能对代理人做到完全激励，另一方面委托人对代理人实行监督的成本有可能大于其收益，不可能建立起完善的监督机制[4]。因此，委托代理理论主要研究的委托代理关系是指一个或多个行为主体根据一种明示或隐含的契约，指定、雇用另一些行为主体为其服务，同时授予后者一定的决策权利，并根据后者提供的服务数量和质量对其支付相应的报酬。应用于第三方评估中，如何解决较为复杂的委托代理链出现的如信息不对称等问题，需要建立有效的激励约束机制来解决管理中的多级委托代理关系、监督机制不全等问题。

利益相关者理论

利益相关者理论的核心问题是在进行第三方评估时，为使评估结果更加全面客观，需要充分采纳不同人群的意见和建议，具有公正性和客观性的特点。利益相关者理论认为，企业不仅要为股东服务，而且要为众多的其他利益相关者服务。该理论的主要内容是指，在知识经济时代，企业的竞争优势源于其所拥有的异质性资源，其中人力资本是企业价值增值的最重要源泉，利益相关者导向模式能够促进企业总体财富的创造。因此，应对企业各类利益相关者权益进行确认、计量、报告和维护，使企业的利益相关者（物力、人力与社会资本所有者）共同参与企业价值增值分享，调动增值创造者的积极性，增进企业各类利益相关者的信任与合作，实现企业的可持续发展[5]。应用于第三方评估中，重视众多利益相关者的评价，为众多利益相关者负责，能够促进评估结果的全面性、客观性、专业性等。

（2）影响因素之间效果的量化比较

随着人们研究领域的不断扩大，我们所面临的评价对象日趋复杂，如果仅依据单一指标对事物进行评价往往不尽合理，必须全面地从整体的角度考虑问题，多指标综合评价方法应运而生。而在多指标评价体系中，由于各评价指标的性质不同，通常具有不同的量纲和数量级。当各指标之间水平相差很大时，如果直接用原始指标值进行分析，就会突出数值较高的指标在综合分析中的作用，相对削弱数值水平较低指标的作用。因此，为了保证结果的可靠性，需要对原始数据进行标准化处理。通过把各影响因素量化放在同一指标体系下进行比较，即利用规范化方法将各影响因素处于同一量级状态下，对比分析各影响因素的作用效能。

1.3.2 影响评估于第三方评估的功用

影响评估助力于第三方评估的理论依据清晰、第三方评估的科学量化实现及提升第三方评估结论的政策建议的科学性与到位度。

第2章

高端制造业企业创新绩效影响因素评估概述

2.1 高端制造业企业创新绩效影响因素评估背景

2008年全球金融危机之后，许多发达国家及新兴经济体将发展目光再次转向实体经济，制订制造业回归计划①，旨在推动本国制造业向技术含量高、竞争力强等特点的高端制造业转变。中国由于受到外部市场的严重挤压和内部成本上升的双重压力，亟须在高端制造业提振引领下加速制造业产业技术等层面优化转型。但中国科技创新实力的表现远不及经济总量仅落后于美国那么靓丽，事实上中国制造业现存问题较多——企业大而不强、研发能力较弱、对外依存度较高等，且科技创新排名在世界创新国家中相对靠后②，与建设世界科技强国的目标相比仍存在较大的现实差距。

① 列举世界部分国家相关规划：（1）美国颁布《创新美国》《美国竞争力》、实施"富布赖特计划"等；（2）德国启动"工程师后备人才"资助计划、实施"主动创新"战略、设立"国际研究基金奖"等；（3）英国实施"高级技术人才移民政策"等；（4）日本实施《21世纪卓越研究基地建设计划》、推行终身雇用制度等；（5）法国设立"国家级海外研究人员归国奖励基金""优秀人才居留证"制度、推出"法国科研创新人才计划"等；（6）中国提出《中国制造2025》国家行动纲领、实施创新驱动发展战略等。

② 根据《2019年全球创新指数报告》和《彭博创新指数2019》中世界主要创新国家排名，发现瑞士等发达国家仍旧占据领先地位，而中国排名却在第14位和第16位，创新国家排名相对靠后。

为应对上述情况，我国政府及时出台《中国制造2025》，旨在突出创新的重要性，以期实现制造业智能转型升级，进而摆脱西方国家对技术的封锁，从而建设制造强国。另外，在2020年年初新型冠状肺炎疫情暴发并蔓延全球，以及世界各国经济增长低迷、国内经济下行压力加大等复杂的国际国内背景，我国政府工作报告中指出，推动制造业升级和新兴产业发展，使制造业向高质量发展转变，同时提高科技创新支撑能力，进一步加强关键核心技术攻关，推动重点项目攻关“揭榜挂帅”，进一步营造良好的鼓励创新的科研环境。还有，我国政府在“十四五”规划中同样强调，须把发展经济着力点持续放在实体经济，促进制造业产业链向智能现代化转型优化，推动我国先进制造业集群发展，尤其是加快壮大高端制造业产业集群。

在上述现实背景下，实现我国制造业从制造大国向制造强国的转变迫在眉睫。因此，以影响制造业的内外部因素为出发点，从理论和实证层面，系统剖析高端制造业企业创新绩效的影响因素及其中的影响机制，将促进我国制造业产业结构转型升级、提升科技创新硬实力。同时，要做好高端制造业创新，要真正对高端制造业的前端的影响因素及影响效果有正确的评估，而不是只是对高端制造业创新结果进行第三方评估进而得出结论，以及在此结论基础上，给出政策建议。原来的第三方评估只是孤立地对高端制造业创新结果进行评估，这样的第三方评估缺乏理论深度、量化精度，以及政策建议的到位度。

2.2 高端制造业企业创新绩效影响因素评估研究意义

2.2.1 高端制造业企业创新绩效影响因素评估研究理论意义

（1）影响因素评估研究内容方面

首先，我们基于《中国制造2025》、《战略性新兴产业分类（2018）》等政策文件与相关文献的支撑，以及依据高端制造业核心特征构建统计指标，进而确立高端制造业分类。其次，通过系统梳理关于高端制造业研究的相关文献，从而总结出关于高端制造业企业创新绩效较为细致的部分理论机制，同时构建关于高端制造业企业创新绩效影响因素研究的实证模型，借助多种统计学与计量经济学实证量化方法，研究了集聚经济、法治环境、人力资本、官员特征对高端制造业企业创新绩效的影响。再次，研究了在法治环境的调节作用下，集聚经济（人力资本、官员特征）与高端制造业企业创新绩效的关系，以及高端制造业与普通制造业在上述作用效果是否表现出显著差异。最后，还利用规范化方法对各影响因素进行处理，对比各影响因素对高端制造业企业创新绩效的作用效能是否差异，从而得到更为准确的评估结果，更有针对性地提出关于制造业升级等方面的政策建议。

（2）影响因素评估研究方法方面

与第三方评估的一般方法（同行评议法、案例研究与回溯法、文献计量法等）不同，这里的方法更多是偏向实证模型的回归方法。本研究主要从统计学和计量经济学实证分析出发，考虑到模型的可操作性和适用性的现实情况，采用以下的研究方法：① 运用统计学知识进行初步分析，对高端制造业部分特点、变量间关系进行统计分析；② 借助固定效应模型、Tobit模型等多种计量经济学方法进行实证分析。具体如下：

第一，实证分析中运用OLS模型。本研究所使用的数据样本容量大，OLS模型进行回归的条件限制性少，因此选用大样本OLS模型进行基础性回归做初步探测分析。

第二，实证分析中运用固定效应模型。本研究所使用的样本数据既涉及横向维度上地区企业个体产业技术的不同，又涉及时间维度上企业所处地区产业集聚程度、法律规制水平间的动态演变。因此，利用固定效应模型进行实证分析，即其不仅能够控制不随时间而发生改变的个体特征，还能控制随时间而发生改变的共性特征，进而解决模型中可能存在的遗漏变量问题。

第三，实证分析中运用Tobit模型。本研究的被解释变量为企业创新绩效，但企业数据集中并非所有企业都选择创新，在衡量创新绩效时新产品产值可能存在大量零值，进而造成数据集存在左归并问题，以致在采用OLS回归模型进行估计时，可能导致估计结果存在误差。所以，采用可以很好地解决被解释变量由部分离散点分布与连续分布组成的归并数据问题的Tobit模型进行实证分析。

第四，实证分析中运用GMM模型。在实证回归分析过程中，构建的模型若存在内生性问题时，将会对回归结果造成偏误。为了避免上述情况影响估计结果的有效性，通过检验发现模型中确实存在上述情况。因此，为了避免模型中受内生性问题的影响，选择使用GMM模型进行实证分析。

第五，实证分析中运用IV Tobit模型。在实证回归分析时，变量间若存在互为因果的内生性问题，将会影响估计结果的有效性。因此，在Tobit模型解决归并数据问题的基础上，选择使用IV Tobit模型进行实证分析。

第六，实证分析中运用Logit模型。在实证回归分析时，本研究从另一角度出发，即更换被解释变量的衡量方式入手，将企业创新设置为二元虚拟被解释变量（即企业进行创新，则为1；反之，则为0），对前文回归结果加以佐证。因此，为了解决样本数据存在二元离散选择问题，选择使用Logit模型进行实证分析。

第七，量化效能分析中运用规范化方法。在对高端制造业企业创新绩效影响因素进行量化效能对比分析时，由于各影响因素可能并不处于同一量级，无法进行量化比较，本研究使用规范化方法进行处理，从而对各影响因素的回归结果进行量化效能比较。

2.2.2 高端制造业企业创新绩效影响因素评估研究现实意义

面对如此复杂的内外部环境，中国亟须调整制造业产业结构以促进产业转型升级，因此，通过以高端制造业为核心，探究高端制造业企业创新绩效可能涉及的内外部影响因素（集聚经济、人力资本、官员特征、法治环境），并借助固定效应模型、Tobit模型等多种数理统计方法来解决模型中可能存在的遗漏变量问题、归并数据问题、内生性问题等，系统分析集聚经济、人力资本、官员特征和法治环境对高端制造业企业创新绩效的影响，从而加快现代产业体系的发展，进一步提高中国的经济质量效益和关键核心竞争力。此外，进一步对比评估分析各影响因素对高端制造业企业创新绩效的效能差异，在政策实施前做好正确的高端制造业创新影响因素评估，为高端制造业企业创新绩效的第三方评估提供理论支持；为高端制造业企业创新绩效的第三方评估提供量化参考；为高端制造业企业创新绩效的第三方评估结论与政策建议的科学性和到位度提供支撑。

2.3 高端制造业企业创新绩效影响因素评估研究方法、采用数据和研究思路

2.3.1 高端制造业企业创新绩效影响因素评估研究方法

第一，文献研究法。通过对国内外高端制造业相关文献的查阅，对高端制造业企业创新绩效影响因素的最新研究进行梳理、归纳总结其中的理论机制，进而确立研究思路。

第二，实证分析法。在实证回归前，运用多重共线性检验、单因素方差分析等数理统计方法对相关变量、行业特征指标等进行初步探测分析；在实证分析方面，采用OLS模型、固定效应模型、Tobit模型、GMM模型、IV Tobit模型、Logit模型，可以很好地解决模型中可能存在的遗漏变量问题、归并数据问题、内生性问题等。

第三，比较研究法。在探究法治环境对集聚经济（人力资本、官员特征）与高端制造业企业创新绩效之间关系的调节作用时，在上述不同情境下系统分析法治环境的调节作用效果。此外，进一步分析比较高端制造业与普通制造业在上述过程的差异表现。

第四，影响因素之间量化效能比较方法。利用规范化方法通过对各影响因素进行标准化处理放置同一指标下，对各影响因素间量化效能进行对比，从而得出所研究的影响因素对高端制造业企业创新绩效的效能哪个相对更好。

2.3.2 高端制造业企业创新绩效影响因素评估研究数据来源和数据处理

所用数据来源如下：①企业样本数据主要来源于1998—2011年《中国工业企业数据库》，其由国家统计局统计整理所得，是中国目前国内最为全面且权威的微观企业数据库。②地区法治环境指数样本数据来源于樊纲等（2011）[6]编写的《中国市场化指数》，该书中设置的指标体系对中国各地区市场化程度进行了较为全面与客观的持续测度。其中，本研究为避免模型中变量存在内生性问题对估计结果造成影响，对所使用的法治环境指数数据作滞后二期处理再进行实证分析。③人力资本样本数据来源于2002—2011年《中国统计年鉴》。④官员特征样本数据为2000—2010年地级市党委书记信息，包含学历，是否是经济师，是否拥有团委、秘书长、办公室主任及助理工作经历等。⑤其他样本数据则来源于1998—2011年《中国城市统计年鉴》。

另外，还对样本数据进行如下处理：①由于2003年后国民经济行业代码发生变更，造成新旧标准行业代码前后不一致，将2003年后的行业代码按照《国民经济行业分类》（GB/T 4754—2002）标准对新旧代码作统一口径处理。②考虑到数据库的工作人员在统计原始样本数据时，可能会由于人为失误造成数据记录错误等情况存在，于是对部分存在缺漏值、负值或者零值的企业数据进行剔除、添加等相关处理。

2.3.3 高端制造业企业创新绩效影响因素评估研究思路

首先，通过前期对高端制造业相关政策文件、文献的梳理及初步的统计分析，厘清有关高端制造业企业创新绩效影响因素（集聚经济、人力资本、法治环境）的动态演变趋势。此外，对各影响因素进行量化评估，进一步对比分析各影响因素对高端制造业企业创新绩效的效能差异。

其次，将集聚经济、法治环境与高端制造业企业创新绩效三者纳入同一理论框架并建立数学模型，利用相应的统计学和计量经济学方法来解决模型中可能存在的遗漏变量、归并数据、内生性等问题。分别探讨集聚经济、人力资本和法治环境对高端制造业企业创新绩效的影响，并以法治环境为调节变量来探究集聚经济与高端制造业企业创新绩效之间的关系。此外，进一步深入拓展分析，探究上述作用效果在高端制造业与普通制造业间是否存在差异。

最后，在查阅相关研究资料中发现，以往文献在分析影响企业创新绩效影响因素时，容易忽略模型中可能存在的遗漏变量问题、归并数据问题、内生性问题等对回归结果造成的偏误。因此，针对上述各种情况，本文采用 OLS 模型、固定效应模型、Tobit 模型、GMM 模型、IV Tobit 模型、Logit 模型等进行相应的处理分析。

2.4 高端制造业企业创新绩效影响因素评估研究主要内容

第一章，影响评估测度概述。本章主要介绍第三方评估的定义和边际拓展，以及影响评估内涵与功用。

第二章，高端制造业企业创新绩效影响因素评估概述。本章主要介绍评估背景，论述关于高端制造业企业创新绩效各影响因素的理论与现实作用价值。另外，简述主要研究方法，陈述相关数据的来源和处理，梳理研究思路；总结研究内容的章节安排、创新点及不足之处。

第三章，高端制造业企业创新绩效影响因素评估研究文献评述。

本章主要介绍集聚经济、法治环境、人力资本、官员特征与创新绩效的相关概念、理论及相关研究。梳理国内外相关研究现状，主要分别从集聚经济、法治环境、人力资本对高端制造业企业创新绩效的影响进行总结和评述。

第四章，高端制造业企业创新绩效影响因素评估方法。本章结合本文的研究内容阐述研究所采用的统计及实证方法的相关理论，包括多重共线性检验、固定效应检验、单因素方差分析等数理统计分析方法，OLS模型、固定效应模型、GMM模型、Tobit模型、Logit模型、IV Tobit模型的相关实证模型。

第五章，高端制造业内涵的科学解读和细化行业规范界定。首先，介绍国内外高端制造业的现实背景和理论发展趋势。其次，查阅分析前人对高端制造业的相关定义，做出总结性定义。最后，本研究依据《中国制造2025》及《战略性新兴产业分类（2018）》对高端制造业的刻画，以及黄鲁成等（2016）[7]和《高技术产业（制造业）分类2013》对高端制造业的细分，结合《国民经济行业分类》（GB/T 4754—2002）行业代码，对高端制造业行业进行初步的选择。进一步选取高技术人才占比和研究经费占比两个指标，按照指标剔除、添加新的行业，最终得出更细致的高端制造业行业分类。

第六章，高端制造业企业创新绩效：集聚经济和法治环境影响的评估分析。本章在分析法治环境、集聚经济对高端制造业企业创新绩效影响机制的基础上构建研究框架并建立数理模型，运用中国工业企业微观面板数据，采用OLS模型、面板固定效应模型、Tobit模型，研究法治环境、集聚经济对中国高端制造业企业创新绩效的影响机制。同时，进一步探讨上述作用效果在高端制造业与普通制造业之间是否存在显著差异。

第七章，高端制造业企业创新绩效：人力资本和法治环境影响的评估分析。本章基于中国工业企业面板数据，建立数学模型，采用Tobit模型、GMM模型、IV Tobit模型及Logit模型，研究人力资本、法治环境对高端制造业企业创新绩效的影响，以及地区法治环境对人力资本与中国高端制造业企业创新绩效之间关系的调节作用。进一步探讨上述作用效果在高端制造业与普通制造业之间是否存在显著差异。

第八章，高端制造业企业创新绩效：官员特征和法治环境影响的评估分析。本章基于中国工业企业面板数据，建立数学模型，采用Tobit模型，研究官员特征、法治环境对高端制造业企业创新绩效的影响，以及法治环境对官员特征与中国高端制造业企业创新绩效之间关系的调节作用。同时，按企业所有制，将企业划分为国有企业与非国有企业，进行分样本分析。另外，进一步探讨上述作用效果在高端制造业与普通制造业之间是否存在显著差异。

第九章，高端制造业企业创新绩效影响因素效能的量化比较。本章主要介绍影响因素效能比较的方法，以及聚焦于高端制造业企业创新绩效时，各影响因素效能间的量化比较。

第十章，高端制造业企业创新绩效影响因素评估分析的主要结论与政策建议。本章总结研究得出的主要结论，并就高端制造业企业创新相关问题的解决，提出针对性政策建议。

2.5 高端制造业企业创新绩效影响因素评估研究的边际贡献和局限

2.5.1 高端制造业企业创新绩效影响因素评估研究的边界贡献

与已有的研究相比，此研究的边际贡献如下：

第一，基于中国对于高端制造业的研究刚刚起步，特殊产业针对性的理论机制研究十分匮乏，且与探究普通制造业的理论机制不同，高端制造业企业因其特殊性，相关因素对高端制造业企业创新绩效的影响可能存在差异化作用效果。

第二，将《中国工业企业数据库》《中国城市统计年鉴》《中国统计年鉴》及“中国地区法治环境指数”、地方市委书记官员个人信息数据进行匹配，得到中国制造业微观企业层面面板数据，系统探究集聚经济、人力资本、官员特征、法治环境与高端制造业企业创新绩效之间的关系。

第三，本研究不再局限于第三方评估的常见方法，如文献计量法等评估方法，还从运用数理统计学和计量经济学方法解决评估中遇到的一些相关问题，采用 OLS 模型做基础性初步探测，采用固定效应模型解决模型中存在的遗漏变量问题，采用 Tobit 模型解决样本数据的归并问题，采用 GMM 模型、IV Tobit 模型解决模型中存在的内生性问题，采用 Logit 模型解决二元离散选择问题。此外，利用标准化方法对各影响因素进行量化评估，进而分析各影响因素对高端制造业企业创新绩效的效能差异。

第四，本书的研究视角是高端制造业企业创新绩效，以及其影响因素的量化评估，这其中涉及评估的理论知识，使得第三方评估相关理论在高端制造业企业创新绩效影响因素量化评估方面得到更加广泛的运用。

2.5.2 高端制造业企业创新绩效影响因素评估研究的局限

鉴于样本数据的可获得性和操作性，在评估分析时存在部分局限：

第一，本研究所选取的度量法治环境的相关指标为省际层面的样本数据，各省份城市内部制度水平的差异化难以全部体现出来。另外，收集整理的工业企业数据、城市层面数据、地方市委书记官员特征数据，同样存在个别样本数据的缺失，使得实验数据的精确性有所降低。

第二，人力资本衡量往往涉及更深层次的细致探究，但由于受到数据收集难的限制，难以获得更为细致的人力资本数据，使得在探讨人力资本与高端制造业企业创新绩效影响关系时可能会出现细微偏差。

第三，基于样本数据的特征、模型的设定及所研究的问题，本研究采用不同的实证方法，如 OLS 模型、固定效应模型、Tobit 模型、GMM 模型、IV Tobit 模型、Logit 模型，尝试解决模型中存在的遗漏变量问题、归并数据问题、内生性问题等，探究集聚经济、人力资本、官员特征、法治环境与高端制造业企业创新绩效之间的关系。但在实证模型时可能无法规避其他隐含的局限性问题，故需进一步改进相应的实证模型或者更改衡量方式等检验实证回归结果的可靠性，以及在对各影响因素进行量化评估时，将各影响因素放置同一指标下，可能存在部分无法解决的问题，也需进一步改进使得评估结果更加有效。

第3章

高端制造业企业创新绩效影响因素评估研究文献评述

3.1 影响因素核心概念内涵解读

3.1.1 影响对象：创新绩效

在科技更迭迅速的时代，企业只有持续创新改革才能提高其市场竞争力，占据创新价值链的制高点。在关于企业创新绩效的经验研究中，多数学者使用新产品产值率、全要素生产率、专利许可数等作为衡量企业创新绩效的指标。但相比之下，申请的专利数越多不一定代表企业创新收益效果好[8]，而新产品产值却可以很好地反映企业创新成果转化的产出绩效。因此，本研究侧重从企业创新成果带来的绩效进行研究分析。

3.1.2 影响因素：集聚经济

在城市经济学中，集聚经济源自城市范围内的递增报酬[9]。经济学界关于集聚经济的研究主要沿两个脉络展开，一个是专业化集聚经济（马歇尔外部经济）：Marshall（1890）、Arrow（1962）、Romer

（1986）等学者通过对集聚与技术创新的研究，发现同一产业内企业之间存在知识溢出，并对技术创新有显著的促进作用，形成“专业化外部性”理论[10][11][12]；另一个则是多样化集聚经济（雅各布斯外部经济）：Jacobs（1969）的研究表明，知识溢出还存在于不同产业的企业之间，形成“多样化外部性”理论[13]。

3.1.3　影响因素：法治环境

法治环境是用来规范一切经济体活动行为的规则总和[14]。由于制造业企业所在区域的制度环境差异较大，同时制造业企业的行为决策往往内生于制度环境，从而法律制度的合理安排与否在一定程度上影响着许多企业的长远发展规划。另外，法治环境可以有效地调节企业社会责任，确保市场具有公平合理的经济秩序，促进企业间形成长期稳定的合作关系[15]。

3.1.4　影响因素：人力资本

在全球化的知识经济时代，高素质人才作为影响创新的核心要素，现已成为全球各大制造业企业争相抢夺的主要资源，其中企业把高素质人才可以作为企业的创新引擎，以促进企业不断提高自身创新水平。地区人力资本水平主要指地区的整体教育水平，即劳动者身上可以展现一个地区关于知识、健康等综合素质水平的高低[16]，地区人力资本水平越高，相应地表现出劳动者在社会经济活动中所创造的劳动力价值越高。

3.1.5　影响因素：官员特征

高层梯队理论强调，由于年龄、性别、工作经历等不同的管理者个人特征对其认知能力、技能、态度、价值观等方面起着一定作用，进而会作用于其组织行为、战略选择产生不同的作用效果[17]。由于市委书记官员的个人特征存在差异性，即并非所有类型的官员在任职期间对所在地企业创新绩效的作用相同。高层级的省市委书记官员作为中国经济政策、制度改革的决策者与执行者，不同的专业背景将会影响当地经济的增长情况，能够进一步反映出当地企业的创新水平。

3.2 高端制造业企业创新绩效影响因素评估研究文献综述

3.2.1 集聚经济对高端制造业企业创新绩效影响评估的文献综述

关于集聚经济与企业创新问题的研究，学者们已取得丰硕的成果。众多学者认为专业化集聚更有利于企业创新的发展。Henderson 和 Vernon（2003）利用美国企业普查数据实证产业集聚与企业生产率间的关系，结果表明：在高科技产业中，专业化外部性正向影响企业生产率[18]；Ejermo（2005）研究发现专业化外部性对专利申请有显著的促进作用[19]；Liang 和 Goetz（2018）发现低技术行业更受益于区域专业化衡量的市场溢出效应[20]。另一部分学者则支持多样化集聚经济更有助于企业创新发展的观点。张明倩和赵彦云（2008）研究发现区域产业创新更多受益于多样化集聚[21]；赖永剑（2012）同样指出多样化水平正向影响制造业企业创新绩效[22]；胡安军等（2018）研究表明多样化集聚显著促进高新技术产业绿色经济效率的提升[23]。

另外，还有部分学者基于异质性角度，研究产业集聚对企业创新的作用效果，实证发现产业集聚对不同类型的制造业企业创新的作用效果不同[24]。从行业异质性视角，梁琦等（2017）基于电子元器件高端制造业行业视角，实证检验表明，产业空间集聚促进地区电子元器件高端制造业企业绩效的提高[25]；从技术密集度异质性视角，Filip和Beveren（2012）研究指出，相比于高技术行业，专业化外部性更有利于低技术行业的创新[26]；从企业规模异质性视角，沈能和赵增耀（2014）的研究结果表明，多样化外部性更有利于小型企业创新发展，而专业化外部性则更多促进大型企业创新的提升[27]。

3.2.2 法治环境对高端制造业企业创新绩效影响评估的文献综述

法治环境作为企业活动的一种外部治理手段[28]，对企业创新发展具有重要影响。部分学者研究发现良好的法治环境有利于所在地企业创新培育[29]。余林徽等（2014）、关成华等（2018）研究认为，知识产权保护正向影响企业创新[30][31]。还有一部分学者基于企业异质性视角，研究发现法治环境对不同类型企业的创新存在差异化的促进作用。韩美妮和王福胜（2016）强调相对于国有企业，不完善的法治环境对非国有企业创新绩效的提升作用较大[32]；杨进和张攀（2018）则认为：在国有企业和大型企业中，地区法治环境更有助于企业发展[33]，而张美莎等（2019）以2005—2016年中小企业为研究样本，证实优化法治环境有助于提高中小企业的技术水平。另外，基于企业异质性视角，研究发现上述结论在高新技术企业中更为突出[34]。

另外，还有部分学者认为法律制度中的知识产权过紧或过松均不利于企业创新发展[35]。Dearorff（1992）研究指出，发达国家更多受益于知识产权保护的强化[36]。余长林和王瑞芳（2009）研究表明，对于发展中国家来说，其技术创新能力与知识产权保护水平呈现倒U型的曲线关系[37]，刘思明等（2015）则进一步强调超过95%的样本数据显示，法治环境通过加强知识产权保护渠道正向影响中国多数地区工业创新发展[38]。

3.2.3 人力资本对高端制造业企业创新绩效影响评估的文献综述

人力资本作为影响创新驱动的重要因素之一，诸多学者对其内涵和作用进行了诠释。经典解读强调，人力资本能够体现劳动者的知识、技术水平及工作能力等特质[39]。自内生经济增长理论提出后，学者们认为地区经济增长受益于人力资本的积累，即人力资本通过技术创新和知识溢出渠道作用于当地经济的增长[40][41]。在知识经济现实背景下，人力资本理论作为学术研究的热点议题，取得大量且富有成效的研究成果[42][43][44][45][46]。

近年来从地区或企业层面分析人力资本与创新的文献也十分丰富。聚焦于地区层面的人力资本与创新，多数学者认同人力资本对区域创新的促进作用[47][48]。如钱晓烨等（2010）、张春红（2019）、张宽和黄凌云（2019）实证均发现，高素质的人力资本显著地促进区域创新水平的提升[49][50][51]。此外，张涵和杨晓昕（2019）研究发现，在不同的人力资本水平下，其对高新技术产业创新产生不一样的作用效果[52]。

聚焦于企业层面的人力资本与创新，多数学者侧重分析异质性人力资本对企业创新的影响[53][54]。首先，从企业人力资本的岗位视角，Tyler和Steensma（1998）验证高管个人人力资本在工作决策和看法起着一定的作用[55]；高素英等（2011）从侧面也相应证实，不少人力资本（高管、员工）对企业绩效有着显著的直接影响[56]。其次，从企业人力资本的学历水平视角，Hayton（2008）、朱承亮等（2011）、裴政和罗守贵（2020）等研究结果均强调企业人力资本的受教育程度正向影响企业创新，即企业创新发展更多受益于高水平的人力资本[57][58][59]。最后，从企业人力资本的创新动机视角，吴淑娥等（2013）研究发现，企业的创新型人力资本显著促进企业创新绩效的提高，而效率型人力资本则会抑制企业创新的提升[60]；赵爽和肖洪均（2015）进一步聚焦于软件企业，研究表明：人力资本（管理型、研发型）利用网络关系能力、知识整合与知识获取渠道正向影响企业创新绩效[61]。

3.2.4 官员特征对高端制造业企业创新绩效影响评估的文献综述

地方政府行为对科技创新的影响早已引起国内外学者的广泛关注，大量文献深入探讨了政府行为在科技创新活动中的重要意义，并提出政府对科技创新活动的大力支持是促成欧美等发达国家占据全球科技领先地位的重要因素[62]，同时也是中国建设创新型国家的关键所在。

政府官员作为政府行为的最终主导者，其个性特征深刻地影响着政治决策，进而决定政府行为。基于官员生命周期视角，肖建华和熊娟娟（2018）研究发现，官员的年龄越大，通过财政引导对创新资源配置的效率越高[62]。基于官员任期视角，戴静和王红建（2017）研究表明，官员任期与创新投入间存在显著地倒U型非线性关系[63]。基于官员个人经验视角，顾元媛和沈坤荣（2012）认为，在中国政府干预较强的背景之下，政府官员个人偏好对企业的创新决策具有重要影响，拥有企业家背景的政府官员不仅具备丰富的管理经验及问题解决能力，同时也具有较强的创新意识，能够显著的促进地区创新活动的展开[64]。总之，政府官员的个人特征差异，对区域创新的发展有着不同“烙印”，特别是在中国复杂的现实国情下，政府官员扮演的角色更为关键。

3.2.5 高端制造业企业创新绩效影响因素评估研究文献简要评介

关于制造业企业创新绩效已有大量相关研究，但关于高端制造业企业方面的内容相对较少，基于已有研究提供的相关理论基础，本研究进行如下简短概述：

（1）集聚经济与高端制造业企业创新绩效

聚焦于集聚经济与高端制造业企业创新绩效。众多学者认为专业化集聚经济更有利于企业创新，另一部分学者则支持多样化集聚经济更有利于创新的观点。另外，还有学者基于异质性角度，结果发现不同类型的集聚经济对制造业企业创新的作用效果存在差异效果。

（2）法治环境与高端制造业企业创新绩效

聚焦于法治环境与高端制造业企业创新绩效。多数学者实证表明法治环境正向影响企业创新。也有部分学者持相反观点，认为法治环境负向影响企业创新。除了上述正向或负向影响外，还有一部分学者认为法治环境与企业创新存在非线性关系。

（3）人力资本与高端制造业企业创新绩效

聚焦于人力资本与高端制造业企业创新绩效。多数学者认同人力资本对区域创新的促进作用。也有学者基于不同性质的人力资本视角，发现某些类型的人力资本抑制企业创新的发展。

（4）官员特征与高端制造业企业创新绩效

关于官员特征与高端制造业企业创新绩效。一部分学者认为官员特征促进企业创新的提升，而另一部分学者则认为官员特征与企业创新之间存在倒U型的非线性关系。

最后，在研究内容方面，现有文献的研究多数基于省级层面数据进行，涉及微观企业层面数据过少，同时鲜有针对高端制造业企业创新绩效影响因素进行量化评估的文章；在研究方法方面，关于制造业企业创新影响因素评估方法，常见的是文献计量法、案例回溯法等，但缺少从统计学与计量经济学方法进行实证评估分析。本研究不仅选择常见的OLS模型与Logit模型，还根据企业创新数据的特点来选择处理归并数据问题的Tobit模型及能够解决内生性问题的GMM模型、IV Tobit模型展开更细致的实证研究分析。

3.3 本章小结

本章结合现有的相关研究，对创新绩效、集聚经济、法治环境、人力资本、官员特征相关概念内涵进行归纳总结，梳理关于高端制造业企业创新绩效影响因素研究的文献研究脉络，并从研究内容与研究方法两个层面相应地进行简要评述。

第4章
高端制造业企业创新绩效影响因素评估方法

4.1 高端制造业企业创新绩效影响因素评估应用的主要统计方法

考虑到样本数据的可获取性与适用性的问题，本研究将采用以下方法进行探索：①利用多重共线性检验、单因素方差分析等多种数理统计分析方法，对变量间关系、行业特征部分指标进行初步统计探析。②运用OLS模型、固定效应模型、Tobit模型、GMM模型、IV Tobit模型、Logit模型解决模型中可能存在的遗漏变量、归并数据、内生性等现实问题。具体内容如下：

第一，多重共线性检验。为了避免模型变量间有共线性问题，故在对模型进行回归前，我们须借助方差膨胀因子法（VIF）进行判别。

第二，固定效应检验。在使用固定效应模型前，需要通过两类检验：首先，需要利用F检验来判断样本数据是否具有个体特征。其次，检验存在个体效应后，进一步使用豪斯曼检验来确定应选择固定效应模型还是随机效应模型，若拒绝原假设的成立，则选择固定效应模型进行回归分析。

第三，内生性检验。使用工具变量法前需检测模型中各变量是否存在内生变量，进而判定是否需要使用工具变量。

第四，单因素方差分析。设定高技术人才占比与研究开发经费占比两个统计指标，采用单因素方差分析方法对高端制造业与普通制造业间的技术含量、研发投入两个行业特征进行统计验证分析。

第五，OLS 模型。OLS 模型作为最受欢迎的统计方法，主要是因为使用 OLS 模型进行回归的条件限制过少，即只需在大样本数据下统计量的分布为渐进分布即可。因此，使用 OLS 模型作为基础性回归进行初步分析。

第六，固定效应模型。本研究所用的企业样本数据既涉及横向维度上各企业个体特征，又涉及时间维度上企业集聚程度与地区法律规制水平的动态变化。为了解决模型中可能存在的遗漏变量问题，选择采用固定效应模型进行实证研究。

第七，Tobit 模型。由于企业样本数据中并非所有企业均选择创新，因此企业新产品产值样本数据中可能会存在大量零值，导致数据集存在左归并问题，故在利用 OLS 模型进行回归估计时，将会产生有偏估计。而 Tobit 模型是处理被解释变量是由离散点与连续分布组成的归并数据问题的有效工具。因此，选择使用 Tobit 模型系统分析高端制造业企业创新绩效的影响因素研究。

第八，GMM 模型。为了避免回归结果受模型中变量存在内生性问题的影响，同时提高估计结果的有效性，采用地区知识产权保护指数作为法治环境的工具变量，从而可以解决内生解释变量对回归结果造成偏误的影响。因此，借助 GMM 模型来分析人力资本、法治环境与高端制造业企业创新绩效的关系。

第九，IV Tobit模型。在研究人力资本、法治环境与高端制造业企业创新绩效间的关系时，Tobit模型可以解决样本数据存在左归并问题，但无法有效解决模型中存在内生解释变量相关问题。通过内生性检验后，本研究采用地区知识产权指数作为法治环境的工具变量，使用IV Tobit模型进行回归分析。

第十，Logit模型。在研究人力资本、法治环境与高端制造业企业创新绩效间的关系时，根据企业创新数据的新产品产值是否为零值来判断企业是否选择进行创新，从而将被解释变量设定为二元虚拟变量，设“1”表示企业进行创新，“0”表示企业未进行创新。因此，选择使用Logit模型对人力资本、法治环境与高端制造业企业创新绩效之间关系进行回归分析。

第十一，规范化方法。在研究高端制造业企业创新绩效各影响因素量化效能比较时，各影响因素因不在同一量级上将导致无法进行效能结果间的比较。因此，本研究选择利用规范化方法进行相应处理。

4.2 影响因素评估中的统计检验

4.2.1 多重共线性检验

假设线性模型为：

$$y_i = x_i^{'}\beta + \varepsilon_i(i=1, \cdots, N) \tag{4-1}$$

在式（4-1）中，N为样本容量，x_i为解释变量，ε_i为扰动项。

多重共线性，指在模型中各变量间存在高度的线性关系。当变量间具有完全共线性的问题时，将使得回归系数b不存在，而当模型中变量间具有近似共线性的问题时，OLS 回归结果仍是最佳线性无偏估计。

在式（4-1）中，当变量间存在近似共线性时，将模型中第 n 个变量 x_n 与其他变量 $\{x_1, x_2, \cdots, x_{n-1}, x_{n+1}, \cdots, x_N\}$ 进行回归估计，估计结果的拟合优度 R_n^2 将会变大。由于模型中变量间存在多重共线性问题，将会导致（$X'X$）变得几乎不可逆，进而使得变量的方差 $\mathrm{Var}(b|X)=\sigma^2(X'X)^{-1}$ 增大，同时回归系数 b 成为有偏估计。

利用方差膨胀因子法（VIF）可以判别变量间是否存在共线性，设模型中第 n 个变量 x_n 的 VIF 表达式为：

$$\mathrm{VIF}_n \equiv \frac{1}{1-R_n^2} \tag{4-2}$$

其中，$\mathrm{Var}(b_n|X)=\mathrm{VIF}_n\cdot(\sigma^2/S_{nn})$。VIF 值的大小可以反映出模型中变量间的线性程度，即 VIF 值越大，则表明变量间具有高度的线性关系。当 VIF≤10 时，则可以忽略共线性问题。另外，当模型中部分变量间具有严重的多重共线性问题时，须进行中心化处理才能降低共线性问题，进而使得回归结果更加有效。

4.2.2 固定效应检验

（1）F 检验

在进行实证回归前，利用 F 检验判定选择混合回归还是个体效应回归。假设回归模型如下：

$$y_{it}=x_{it}'\beta+z_i'\delta+u_i+\varepsilon_{it}\ (i=1, \cdots, n;\ t=1, \cdots, T) \tag{4-3}$$

在式（4-3）中，z_i 为不随时间而变的个体特征，x_{it} 为随个体、时间而变的变量，$u_i+\varepsilon_{it}$ 为扰动项。其中，F 检验的原假设为“H_0：所有 $u_i=0$”，即个体效应不存在。若接受 H_0 成立，则选择混合回归模型；反之，则拒绝 H_0 成立，故在实证回归时应该选择固定效应模型。

（2）豪斯曼检验

对于式（4-3），如果模型中的 u_i 与（x_{it}, z_i）存在线性关系，称之为“固定效应模型”；如果 u_i 与（x_{it}, z_i）均不存在线性关系，则称之为“随机效应模型”。也即只需对扰动项 u_i 与（x_{it}, z_i）是否存在线性关系进行豪斯曼检验即可，检验的统计量为：

$$(\hat{\beta}_{FE}-\hat{\beta}_{RE})'[\mathrm{Var}(\hat{\beta}_{FE})-\mathrm{Var}(\hat{\beta}_{RE})]^{-1}(\hat{\beta}_{FE}-\hat{\beta}_{RE})\xrightarrow{d}\chi^2(K) \quad (4\text{-}4)$$

在式（4-4）中，K 表示 x_{it} 中会因时间而产生改变的个数。原假设为“H_0：u_i 与 x_{it}, z_i 不相关”，即当（$\hat{\beta}_{FE}-\hat{\beta}_{RE}$）$\xrightarrow{p}0$ 时，则接受 H_0 成立，应选择随机效应模型。反之，应选择固定效应模型。

4.2.3 内生性检验

通过内生性检验，可以判别变量中是否含有内生变量。若检验发现含有内生变量，则采用工具变量法加以解决。假设回归方程如下：

$$y=\beta_0+\beta_i x_i+\varepsilon_i \quad (i=1, \cdots, n) \quad (4\text{-}5)$$

对于式（4-5），n 为变量数量，x_i 为解释变量，ε_i 为扰动项。如何检验模型中变量间是否含有内生变量？利用豪斯曼检验进行判别，原假设为“H_0：所有解释变量均为外生变量”。若拒绝 H_0 成立，表明存在含有内生变量，将会导致估计结果的不一致，故应该选择使用合适的工具变量法进行实证回归分析。

4.2.4 单因素方差分析

单因素方差分析，适用于检验两组样本数据对同一因素的均值是否存在差异。故在分析问题时，应用多种角度进行阐述。单因素方差分析需满足条件：每组样本数据均服从正态分布、同方差且相互独立，具体内容见表4-1。其中，本研究使用样本数据设置高技术人才占比和研究开放经费占比两个统计指标，借助单因素方差分析方法对高端制造业的技术含量高、研究投入高两个行业特点进行细微探测分析。

表4-1　单因素方差分析

	平方和	自由度	均方	F比
因素A	S_A	$s-1$	$\bar{S}_A=\frac{S_A}{(s-1)}$	$F=\frac{\bar{S}_A}{\bar{S}_E}$
误差	S_E	$n-s$	$\bar{S}_E=\frac{S_E}{(n-s)}$	
总和	S_T	$n-1$		

4.3 影响因素评估中的主要模型

4.3.1 OLS模型

最小二乘法（OLS），是单一方程线性回归模型比较常见的估计方法，通常会将其作为基础性回归进行初步探测分析。所以，在研究集聚经济、法治环境与高端制造业企业创新绩效的关系时，利用OLS模型做初步的基础性回归分析。从式（4-1）可以推导参数向量β的估计值。其中，记第i个数据的拟合误差$e_i=y_i-x_i'\tilde{\beta}$。进一步得到，残差向量为$e\equiv(e_1\,e_2\cdots e_n)'=y-X\tilde{\beta}$。此时，将残差平方和最小化为：

$$\min_{\tilde{\beta}}\mathrm{SSR}\ (\tilde{\beta})=\sum_{i=1}^{n}e_i^2=e'e=(y-X\tilde{\beta})'(y-X\tilde{\beta})$$

$$=y'y-2y'X\tilde{\beta}+\tilde{\beta}'X'X\tilde{\beta} \qquad (4-6)$$

对$\tilde{\beta}$求导与移项，求解可得OLS回归的估计量为$b\equiv(X'X)^{-1}X'y$。

4.3.2 固定效应模型

固定效应模型，可以很好地解决模型中存在随个体特征而发生变化或者随时间而发生变化的遗漏变量问题。针对本研究所使用的样本数据既涉及横向维度上地区企业个体产业技术的不同，又涉及时间维度上企业所处地区产业集聚程度、法律规制水平间的动态演变，所以运用能够解决遗漏变量问题的固定效应模型来考察集聚经济、法治环境与高端制造业企业创新绩效之间的关系。

对于式（4–3），已知个体 i，将式（4–3）两边对时间取平均，则可以得到：

$$\overline{y}_i = \overline{x}_i\beta + z_i\delta + u_i + \overline{\varepsilon}_i \tag{4-7}$$

将式（4–3）减去式（4–7），整理可得：

$$y_{it} - \overline{y}_i = (x_{it} - \overline{x}_i)\beta + (\varepsilon_{it} - \overline{\varepsilon}_i) \tag{4-8}$$

令 $\tilde{y}_{it}=y_{it}-\overline{y}_i$， $\tilde{x}_{it}=x_{it}-\overline{x}_i$， $\tilde{\varepsilon}_{it}=\varepsilon_{it}-\overline{\varepsilon}_i$，则可以得到个体固定效应模型，即：

$$\tilde{y}_{it} = \tilde{x}_{it}\beta + \tilde{\varepsilon}_{it} \tag{4-9}$$

通过上述过程，则将 u_i 消去，所以只要 $\tilde{\varepsilon}_{it}$ 与 $\tilde{x}_{it}$ 不相关，使用 OLS 回归便可以得到一致估计量 β，记作 $\hat{\beta}_{FE}$。进一步，可以引入时间固定效应模型。

4.3.3 Tobit 模型

Tobit 模型，通常应用于“归并数据”这类问题，即涉及受限被解释变量。对于模型 $y_i = x_i'\beta + \varepsilon_i$，可能当 $y_i \geqslant c$（或 $y_i \leqslant c$）时，所有 y_i 都被归并到点 c。本研究的视角为企业创新绩效，但在现实情况下并非所有企业都选择进行创新，因此，被解释变量中的新产品产值存在大量零值，这时很多y_i都被归并到0点，属于归并数据问题。于是，y_i的概率分布则由一个离散点与一个连续分布所构成的混合分布。

假设方程为$y_i^* = x_i'\beta + \varepsilon_i$，$\varepsilon_i | x_i \sim N(0,\ \sigma^2)$。其中，$y_i^*$不可观测，归并点为$c=0$。此时，有$y_i = \begin{cases} y_i^*, & 若 y_i^* > 0 \\ 0, & 若 y_i^* \leqslant 0 \end{cases}$。若使用OLS模型进行估计时，会将非线性项纳入该模型的扰动项中去，使得回归结果产生有偏估计。学者Tobin在1958年提出使用MLE方法进行回归估计。因此，此方法被称为“Tobit模型”[65]。在实证回归时，本研究利用Tobit模型可以很好地解决因被解释变量存在大量零值而导致OLS回归有偏的归并数据问题。

当企业新产品产值数据存在归并问题时，即当$y_i > 0$时的概率密度不变，仍为：

$$\frac{1}{\sigma}\phi[(y_i - x_i'\beta)/\sigma],\ \ \forall y_i > 0 \tag{4-10}$$

而当$y_i \leqslant 0$时，此时企业新产品产值的分布情况却被挤到一个“$y_i = 0$”点上，即：

$$\mathrm{P}(y_i = 0 | x) = 1 - \mathrm{P}(y_i > 0 | x) = 1 - \Phi(x_i'\beta / \sigma) \tag{4-11}$$

所以，该混合分布的概率密度函数为：

$$f(y_i|x) = [1 - \Phi(x_i'\beta/\sigma)]^{1(y_i=0)}[\frac{1}{\sigma}\phi((y_i - x_i'\beta)/\sigma)]^{1(y_i>0)} \tag{4-12}$$

在式（4-12）中，I(·）为示性函数，若括号内表达式为真，即取值为1；反之，取值为0。因此，可以得到总样本分布的似然函数，进一步则利用MLE方法进行回归估计。

4.3.4 GMM模型

在对实证模型进行回归前，需先检测变量间是否含有内生变量。

若通过相关检验发现模型中变量间存在互为因果的内生性问题，此时，为了保证实证回归结果的有效性，在研究人力资本、法治环境对高端制造业企业创新绩效的影响时，采用地区知识产权保护指数作为法治环境的工具变量，于是进一步选择 GMM 模型来解决此类问题。

假设回归模型为：

$$y_i = x_i'\beta + \varepsilon_i \ (i = 1, \ \cdots, \ n) \tag{4-13}$$

对于式（4-13），$x_i \equiv (x_{i1}x_{i2}\cdots x_{iK})'$ 为第 i 个解释变量，x_{iK} 为内生变量，ε_i 为扰动项。记 L 为工具变量为 z_i，须满足条件：$\mathrm{Cov}(x_{iK}, z_i) \neq 0$ 与 $\mathrm{Cov}(z_i, \varepsilon_i)=0$。这时，总体矩条件为 $\mathrm{E}(g_i) = \mathrm{E}(z_i\varepsilon_i) = 0$，则样本矩条件为：

$$g_n(\hat{\beta}) \equiv \frac{1}{n}\sum_{i=1}^{n} z_i(y_i - x_i'\hat{\beta}) = 0 \tag{4-14}$$

将式（4-14）视作一个联立方程组，此时有 K 个估计参数 $\hat{\beta}$，有 L 个方程。当 $L > K$ 时，引入 $\hat{W}$ 为 L 维对称矩阵，并且满足 $p\lim_{n\to\infty}\hat{W} = W$。同时，$W$ 为非随机的对称正定矩阵。此时，将目标函数最小化为：

$$\min_{\hat{\beta}} J(\hat{\beta},\hat{W}) \equiv n(g_n(\hat{\beta}))'\hat{W}(g_n(\hat{\beta})) \tag{4-15}$$

由式（4-15）可知，$g_n(\hat{\beta})$ 是 $\hat{\beta}$ 的一次函数，所以 $J(\hat{\beta},\hat{W})$ 为 $\hat{\beta}$ 的二次函数。此时，利用向量微分推导出其最小化的解 $\hat{\beta}$：

$$\hat{\beta}_{\mathrm{GMM}}(\hat{W}) = (R_{ZX}'\hat{W}R_{ZX})^{-1}R_{ZX}'\hat{W}R_{Zy} \tag{4-16}$$

在式（4-16）中，$R_{ZX} \equiv \frac{1}{n}\sum_{i=1}^{n} z_i x_i', R_{Zy} \equiv \frac{1}{n}\sum_{i=1}^{n} z_i y_i$。在满足大样本条件且 K 与 $\hat{W}$ 均为正定矩阵时，$(R_{ZX}'\hat{W}R_{ZX})^{-1}$ 存在。因此，此方法称为“GMM 模型”。

4.3.5 IV Tobit模型

对于所用面板样本数据，如果所用企业新产品产值样本数据含有大量零值，即企业创新绩效样本数据存在归并问题时，通常会选择使用Tobit模型加以处理。但当模型中变量间存在内生解释变量时，会导致OLS估计结果不准确。在研究人力资本、法治环境与高端制造业企业创新绩效之间关系时，采用地区知识产权保护指数作为法治环境的工具变量，从而使用IV Tobit模型进行实证分析。

假设在0处存在左归并问题，设定实证回归模型如下：

$$y_{1i}^{*} = x_i^{'}\delta + \beta y_{2i} + u_i \tag{4-17}$$

$$y_{2i} = x_i^{'}\gamma_1 + z_i^{'}\gamma_2 + v_i \tag{4-18}$$

$$y_{1i} = \begin{cases} y_1^{*}, & 若y_1^{*} > 0 \\ 0, & 若y_1^{*}=0 \end{cases} \tag{4-19}$$

在式（4–17）至式（4–19）中，y_{1i}、y_{1i}^{*}分别为可观测到、不可观测到的变量，y_{2i}为内生解释变量。此时，设定（u_i,v_i）服从期望为0的二维正态分布，即：

$$\begin{pmatrix} u_i \\ v_i \end{pmatrix} \sim N\left[\begin{pmatrix} 0 \\ 0 \end{pmatrix}, \begin{pmatrix} 1 & \alpha\sigma_v \\ \alpha\sigma_v & \sigma_v^2 \end{pmatrix}\right] \tag{4-20}$$

在式（4–20）中，u_i的方差被标准化为1，（u_i，v_i）的相关系数为α。在上述回归模型中，y_{2i}是否为内生解释变量取决于u_i与v_i是否相关，即若y_{2i}与（u_i，v_i）不相关，则说明y_{2i}不是内生解释变量。所以，检验y_{2i}是否有内生性问题时，原假设为“$H_0:\alpha=0$”。对于由式（4–17）至式（4–20）构成的模型，在给定x_i与z_i的情况下，进而可以得到（y_{1i}，y_{2i}）的条件概率分布。然后，进一步将$f(y_{1i}, y_{2i} | x_i, z_i)$分解为$f(y_{1i} | y_{2i}, x_i, z_i)f(y_{2i} | x_i, z_i)$，则可以写出样本数据（$y_{1i}$，$y_{2i}$）

的似然函数表达式，然后借助MLE方法进行估计，此方法称为“IV Tobit”模型。

4.3.6 Logit模型

根据样本数据中新产品产值是否为零值来判断企业是否选择进行创新，若新产品产值不为0，则说明企业进行创新；若新产品产值为0，则说明企业未进行创新。这里假设企业个体只有两种选择，如$y=1$（企业进行创新）或$y=0$（企业未进行创新）。假设回归方程如下：

$$y_i = x_i'\beta + \varepsilon_i \quad (i=1,\ \cdots,\ n) \tag{4-21}$$

对于式（4-21）中，只要满足Cov（x_i，ε_i）=0的条件，便可以得到β的一致估计。但是由于$\varepsilon_i = y_i - x_i'\beta$，推导出$\varepsilon_i = 1 - x_i'\beta$或$\varepsilon_i = -x_i'\beta$，从而$\varepsilon_i$必然与$x_i'$具有相关关系，造成估计结果不一致。为了使$y$的预测值在[0,1]内，在给定$x$的情况下，需进一步考虑$y$的两点分布概率函数为：

$$\begin{cases} P(y=1|x)=F(x,\ \beta) \\ P(y=0|x)=1-F(x,\ \beta) \end{cases} \tag{4-22}$$

在式（4-22）中，$F(x,\ \beta)$被称为“连接函数”。若$F(x,\ \beta)$为“逻辑分布”的累积分布函数，进而推导出该样本的概率分布函数为：

$$P(y=1|x)=F(x,\ \beta)=\Lambda(x'\beta)\equiv\frac{\exp(x'\beta)}{1+\exp(x'\beta)} \tag{4-23}$$

则称该模型为“Logit模型”。

4.4 影响效果比较方法：规范化方法

目前数据标准化是将数据按比例缩放，使之落入一个小的特定区间。在某些比较和评价的指标处理中经常会用到，去除数据的单位限制，将其转化为无量纲的纯数值，便于不同单位或量级的指标能够进行比较和加权。本研究使用规范化方法，也即是离差标准化。具体内容如下：

对序列 x_1，x_2，…，x_n 进行变换：

$$y_i = \frac{x_i - \min\limits_{1\leqslant j\leqslant n}\{x_j\}}{\max\limits_{1\leqslant j\leqslant n}\{x_j\} - \min\limits_{1\leqslant j\leqslant n}\{x_j\}} \tag{4-24}$$

则新序列 y_1，y_2，…，y_n 的均值为0，而方差为1，且无量纲。一般的数据需要时都可以考虑先进行规范化处理，也即是对原始数据的线性变换，使结果映射到[0，1]区间。

4.5 本章小结

本章主要介绍在研究过程中既涉及统计学中的统计分析方法，又涉及计量经济学的实证模型方法，主要包括多重共线性检验、固定效应检验、内生性检验、单因素方差分析、OLS 模型、固定效应模型、Tobit 模型、GMM 模型、IV Tobit 模型等，可以很好地解决相应模型中可能存在的问题，为下面研究集聚经济、人力资本、官员特征与高端制造业企业创新绩效之间的关系展开量化评估分析奠定理论基础。

第5章

高端制造业内涵的科学解读和细化行业规范界定

5.1　选择高端制造业为研究对象的现实背景

2008年国际金融危机以来，许多发达国家及新兴经济体再次意识到制造业的重要性，尤其是一些高端制造业重心向发达国家回流。美国、德国等发达国家实施的“再工业化战略”和工业4.0，加大新能源、新材料等高端制造业与新兴现代技术产业的发展，同时增强本国高端制造业的技术创新能力，从而占据全球价值链的高端环节。基于高端制造业特殊的行业特点，高端制造业体现着一个国家的硬实力与软文化，其技术含量高、竞争力强、附加值高等行业特征能够带动一个国家的社会经济快速发展。但自特朗普政府上台之后，美国政府多次以国家安全和外交利益为借口限制向中国输出高端技术和产品，其中打压以华为为首的中国科技制造企业，遏制中国在高科技领域和高端制造业的发展。因此，在如此复杂的国际现实背景下，中国政府必须加快现代智能产业体系发展，推动制造业优化转型升级。

另外，基于中国制造业存在大而不强、自主创新能力较弱等内在因素，与发达国家相比仍存在较大差距。因此，中国经济自然也有在高端制造业提振引领下加速推进产业转型升级的急切需求。中国政府在2015年及时出台《中国制造2025》，旨在振兴实体经济，发展高端制造业，实现制造业智能升级，建设制造强国，摆脱对西方国家关键核心技术的依赖。在此后的国家政策文件中多次强调，坚持把发展着力点放在实体经济上，加大关键核心技术攻关力度，促进产业链供应链多元化。从中国制造业技术水平整体偏低的角度出发，政府也亟须推动产业结构转型升级，从而提升中国的经济质量效益和核心竞争力。

因此，本研究聚焦于高端制造业企业，系统梳理分析高端制造业企业创新绩效影响因素的作用机制，以期能为中国政府振兴实体经济、推动传统制造业产业转型升级提供有益见解。

5.2 高端制造业的异质性分析

聚焦于高端制造业，从影响高端制造业企业创新绩效多个影响因素的视角出发，基于一个隐含假设：高端制造业具有明显区别于一般制造业的重要特征。本研究对这一假设通过统计检验进行佐证，由于高端制造业行业具有技术含量高、研发投入高等特点，理论上高端制造业行业的高技术人才占比与研究开发经费占比应明显高于普通制造业行业。为此，对高端制造业和普通制造业的相应指标利用单因素方差分析进行统计检验，见表5-1。结果显示，高技术人才占比在高端制造业与普通制造业间存在显著的差异（$p<0.01$）。其中，高端制造业企业的技术水平显著高于普通制造业企业；研究开发经费占比在高端制造业与普通制造业间也存在显著差异（$p<0.01$），高端制造业企业的研

究开发经费显著高于普通制造业企业的。统计结果佐证了高端制造业的某些特征不同于普通制造业的假设。因此，在下文系统梳理集聚经济、法治环境、人力资本、官员特征对高端制造业企业创新绩效影响的传导机制时，既需充分考虑已有文献关注过的高端制造业与普通制造业的共性，更要进一步考虑高端制造业与普通制造业的差异特征。

表5–1　高端制造业与普通制造业指标异质分析

指标	制造业类型	样本容量	均值	标准差	统计量
高技术人才占比	1	56061	0.0254	0.0179	49389.48***
	0	203351	0.0139	0.0079	
研究开发经费占比	1	54018	0.0063	0.0059	81941.94***
	0	197464	0.0017	0.0022	

注：*** 表示 $p < 0.01$ 。“1”表示高端制造业，“0”表示普通制造业。

5.3　高端制造业概念界定和细化产业分类依据

5.3.1　高端制造业概念厘清

对于高端制造业的概念界定，学术界尚未形成统一意见，多数学者基于行业、产业链、价值链三个角度对高端制造业的概念进行相应的界定，如表5–2所示。

以行业视角为出发点，高端制造业是指制造业中新出现的具有技术含量高、附加值高、市场前景好、竞争力强的行业[66][67]。

以产业链视角为出发点，高端制造业是指处于产业链中制造业细分的高端环节，具有带动能力强、信息密集度高等优点的产业[66][67][68]。

以价值链视角为出发点，高端制造业是指处于制造业价值链的高端环节，是生产过程结合现代先进智能技术制造的产业，并且其生产地的产品和研发成果价值含量高[7][69]。

表5-2 高端制造业的概念界定

视角	特征
行业	技术含量高、附加值高、市场前景好、竞争力强
产业链	产业链中制造业细分的高端环节，具有带动能力强、信息密集度高等优点
价值链	制造业价值链的高端环节

5.3.2 高端制造业分类依据

本研究以国家颁布的政策文件为基础，同时参考上述学者从不同视角基于高端制造业行业特征对其行业概念界定的思路，对高端制造业行业进行细致分类。另外，进一步依据高端制造业核心特征构建统计指标，对分类又进行相应地剔除与增补处理。具体内容如下：

首先，依据《中国制造2025》将高端制造业划分为十大类别。

其次，借鉴《战略性新兴产业分类（2018）》，将制造业的小类与《国民经济行业分类》（GB/T 4754—2002）的小类进行衔接，建立一一对应关系，并且遵循唯一性与可操作性原则，确立各个小类的构成。

再次，将《高技术产业（制造业）分类2013》中对制造业划分的六大类高技术产业的行业代码及黄鲁成等（2016）[7]对高端制造业划分的五大类别的行业代码，对应到《中国制造2025》中的新一代信息技术产业、智能制造系统和服务、航空航天装备、新一代健康诊疗与服务、节能与新能源汽车五大类中，以上述五大类行业作为高端制造业基准分类，再计算各行业高技术人才占比和研究开发经费占比两个指标，根据这两个指标对符合条件的行业进行筛选①。筛选条件为：基准分类行业中满足两个指标均小于25%分位点条件的行业进行剔除；将包含于《国民经济行业分类》（GB/T 4754—2002）中但不含于基准分类中的行业，两个指标中至少有一个满足大于相应数据的75%分位点的行业添加到基准分类，具体筛选出的行业代码见表5-3。还有，将满足两指标均大于25%分位点的《中国制造2025》中其他五大类别的行业，补充到基准分类。

最后，得到了包含十个大类，108个小类的高端制造业行业，行业相应代码见表5-4。

表5-3　高端制造业筛选统计表

指标	指标范围	行业代码
高技术人才占比	<25%	4124、3683、4125、4127
	>75%	3661、3644、3691、3699、3939
研究开发经费占比	<25%	3769
	>75%	3644、3691、3699、3933

① 其中高技术人才占比采用研究生学历人数与大专以上学历人数的比值来衡量；研究开发经费占比参照黄鲁成等（2016）[7]的方法采用研究开发经费与主营业务收入的比值来衡量。数据来源于2004年、2005年中国工业企业数据库。

表5-4 高端制造业行业最终分类及代码

大类	小类（行业代码）
新一代信息技术产业	3661、3662、3932、3933、3940、4011、4012、4013、4014、4019、4020、4031、4032、4039、4041、4042、4043、4051、4052、4053、4059、4061、4062、4071、4072
智能制造系统和服务	3579、3583、3589、4122、4123、4124、4125、4126、4127、4128、4129、4141、4190
航空航天装备	3669、3761、3762、3769
新一代健康诊疗与服务	2710、2720、2730、2740、2750、2760、2770、3644、3681、3682、3683、3684、3685、3686、3689
节能与新能源汽车	3512、3721、3722、3723、3725、3911、3912、3919、3921、3922、3923、3924、3929、3940、3991
海洋工程装备及高技术船舶	3612、3751、3753、3754、3755
新材料	2613、2619、2641、2651、2653、2659、2661、2662、2665、2669、2829、3143、3147、3149、3152、3191、3199、3230、3353、4240、4290
先进轨道交通装备	3711、3713、3714、3719
农机装备	3672、3679
电力装备	3939、4090、4154、4155

5.4 本章小结

在深入探讨高端制造业企业创新绩效影响因素研究之前，本章主要先对当前高端制造业发展总体情况进行归纳总结，进一步总结高端制造业的概念，以及通过颁布的政策文件与构建统计指标确定高端制造业十大行业分类，为后文从高端制造业特殊的行业特点出发，深入分析集聚经济、人力资本、官员特征和法治环境对高端制造业企业创新绩效的影响提供现实基础。

第 6 章

高端制造业企业创新绩效：集聚经济和法治环境影响的评估分析

6.1　集聚经济和法治环境影响的理论机制分析

6.1.1　专业化集聚经济对高端制造业企业创新绩效的影响

专业化产业集聚影响企业创新主要有三个渠道：知识与技术外溢、劳动力市场的共享及中间投入品的共享[70][71][72]。根据上文对普通制造业与高端制造业的单因素方差分析，结合高端制造业的特点，探讨专业化集聚经济对高端制造业企业创新绩效的影响机制。

一方面，高端制造业是高技术密集型产业，高技术研发人员占比较高，同时在研发创新过程的保密要求较高，因此，在自由市场中企业间的竞争更加激烈，技术溢出效应作用降低。另一方面，高端制造业企业创新需要投入大量高技术专业人才。在专业化产业集聚区域内，劳动力市场高素质人才充足，便于企业快速获取所需人才，进而降低人才搜索成本及培训成本[73][74]，故专业化集聚有利于高端制造业企业创新绩效的提高。此外，高端制造业企业创新需要更多专门的中间品投入，专业化集聚带动高技术中间投入品的集聚，带动相关技术提升，进而推动高端制造业企业的创新效率。

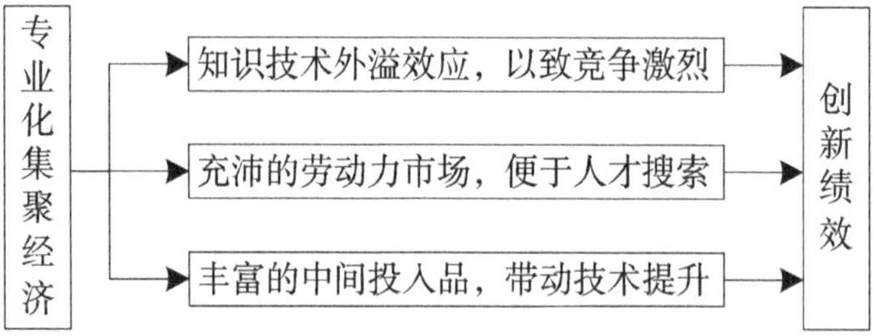

图6–1 专业化集聚经济对高端制造业企业创新绩效的影响机制

基于上述分析，提出如下假设，并做出机制传导图，如图6–1所示。

H1：在控制其他因素情况下，专业化集聚经济有利于高端制造业企业创新绩效的提升。

6.1.2 多样化集聚经济对高端制造业企业创新绩效的影响

多样化产业集聚主要通过以下三个方面影响企业创新：跨行业的知识溢出、产业之间的关联、中间投入品的共享[75]。高端制造业是制造业中细分的高端环节，因此在探讨多样化集聚经济对高端制造业企业创新绩效的影响机制时需要结合其特点进行研究。

一方面，高端制造业是技术创新的驱动载体，其高技术含量的特点，决定其对创新水平的要求更高，因此在创新过程中遇到的阻力可能更大。在多样化产业集聚区域内，不同领域的高技术专业人才将拥有更多共同探讨尖端技术性问题的机会[76]，跨行业交流有助于激发创新灵感，强化知识的溢出，进而提高高端制造业企业创新绩效。另一方面，高端制造业具有投资收益周期长、投资风险高的特点，但高端制造业创新链条较长，不同产业相互关联、协同创新，可以在一定程度上弱化创新风险。同时，产业链中企业间的合作，有助于上下游信息业务的往来、获得互补的异质性知识[73]，有助于企业快速把握市场需求方向，共同提高技术创新能力以达到市场需求。此外，高端制造业企业需要更多的资本品，多样化的高质量中间投入品满足高端制造业关于法律、金融等相关服务的支持，推动企业技术创新水平的提升。

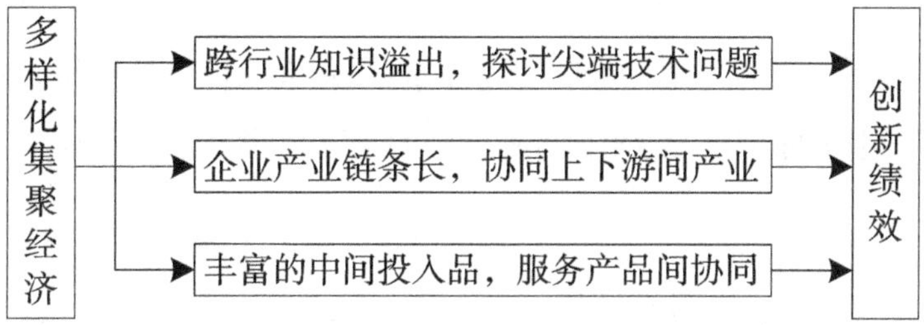

图6-2 多样化集聚经济对高端制造业企业创新绩效的影响机制

基于上述分析，提出如下假设，并做出机制传导图，如图 6-2 所示。

H2：在控制其他因素情况下，多样化集聚经济有利于高端制造业企业创新绩效的提升。

6.1.3 法治环境对高端制造业企业创新绩效的影响

法律制度作为一切经济体活动的外部激励与约束机制，良好的法律制度有助于企业创新发展。一方面，高端制造业具有技术含量高的特点，企业研发技术人员的创新行为具有“外溢效应”[77]，良好的法治环境能够降低企业研发成果外溢的制度风险[78]，有效保障研发主体的创新收益，有利于提高研发人员的创新活力，促进企业创新绩效的提升。另一方面，高端制造业具有投资风险高的特点。地区法治环境越完善，企业间合同契约执行效率更高，违约行为风险相对降低[79]，企业投资风险下降，进而促进企业创新稳定发展。此外，高端制造业具有知识信息密集度高的特点，企业对于技术创新保密要求高，但仍会有部分研发成果避免不了被其他企业模仿、窃取。完善的法律制度通过强化知识产权保护力度，降低被窃取或模仿的可能性[80]、弱化企业研发溢出风险损失[81]，进而督促企业持续不断地开展创新研发。还有，良好的法治环境可以加强信息披露、减少企业间信息不对称问题[82]，进而遏制某些高端企业利用合作伙伴的专有资源进行创新研究但自身资源不外露的行为，有助于形成良好的交易氛围，促进企业创新良好发展。

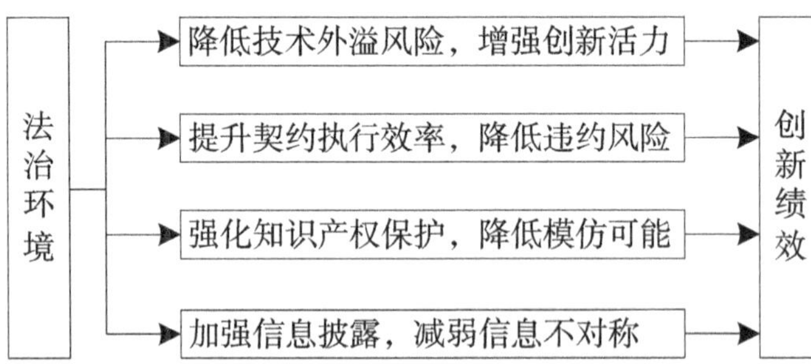

图6-3 法治环境对高端制造业企业创新绩效的影响机制

基于上述分析，提出如下假设，并做出机制传导图，如图6-3所示。

H3：在控制其他因素情况下，法治环境有利于高端制造业企业创新绩效的提升。

6.1.4 法治环境的调节作用分析

创新在企业投资决策中具有重要的战略地位。高端制造业是高技术含量的产业，也是技术创新的关键力量[83]。高端制造业研发创新通常面临投资风险高、资本投入大及投资回收期长的问题，并且高端制造业对技术的保密要求较高。法治环境作为企业运行的外部治理机制，可以减少或抑制部分高端制造业企业间的窃取行为，但是当这些企业在创新过程中遇到技术瓶颈时，可能面临难以解决的困境，因而导致其创新绩效降低[84]。

地区法律制度的改善可以扩大多样化集聚的外部性，进而有利于企业创新绩效的提升。一方面，法律制度的完善通过提高企业间合同执行效率，降低企业双方间的信息不对称问题[82]，加强不同产业在企业间的研发合作，使得企业创新水平得到提高。另一方面，随着法律制度的不断完善，知识产权保护力度得到不断加强，进而降低高端制造业企业间的窃取行为，故企业不得不转向自主研发。研发过程中难免遭遇创新瓶颈，这将增强企业间的跨行业交流[85]，刺激企业新想法的产生，有助于企业创新绩效的提升。

基于上述分析，提出如下假设。

H4a：在控制其他因素的情况下，法治环境对专业化集聚经济与高端制造业创新绩效之间的关系具有负向调节作用。

H4b：在控制其他因素的情况下，法治环境对多样化集聚经济与高端制造业创新绩效之间的关系具有正向调节作用。

6.2 影响效果评估模型的构建

6.2.1 影响效果评估模型的建立

基于前文理论分析，为检验集聚经济、法治环境对高端制造业企业创新绩效的影响，在借鉴杜威剑和李梦洁（2015）[86]模型的基础上，加入专业化集聚经济与法治环境的交叉项及多样化集聚经济与法治环境的交叉项（$Mar \times Law$、$Jacobs \times Law$）①，本章构建如下模型进行回归分析：

$$Innov_{ijt} = \alpha_0 + \alpha_1 Mar_{ijt} + \alpha_2 Jacobs_{ijt} + \alpha_3 Law_{ijt-2} + \alpha_4 Mar_{ijt} \times Law_{ijt-2} + \alpha_5 Jacobs_{ijt} \times Law_{ijt-2}$$
$$+ \alpha_6 \ln Size_{ijt} + \alpha_7 Age_{ijt} + \alpha_8 \ln Wage_{ijt} + \alpha_9 Lp_{ijt} + \alpha_{10} Compe_{ijt} + \alpha_{11} Export_{ijt}$$
$$+ \alpha_{12} Stru_{ijt} + \alpha_{13} \ln Market_{ijt} + \lambda_{year} + \lambda_{province} + \varepsilon_{ijt} \qquad (6-1)$$

在式（6–1）中，i、j、t 分别代表城市、行业、年份。*Innov* 为被解释变量，代表企业创新绩效；*Mar* 表示专业化集聚经济；*Jacobs* 表示多样化集聚经济；*Law* 表示法治环境；ln*Size* 表示企业规模；*Age* 表示企业年龄；ln*Wage* 表示企业平均工资；*Lp* 表示企业生产技术水平；*Compe* 表示竞争指标程度；*Export* 表示出口密集度；*Stru* 表示基础设施；ln*Market* 表示地区行业市场规模；ε_{ijt} 为随机干扰项。此外，还控制了时间变量和地区变量（λ_{year}、$\lambda_{province}$）。

6.2.2 影响因素：变量选取

被解释变量：创新绩效（*Innov*），现有文献多数使用新产品产值率、全要素生产率、专利许可数等作为企业创新绩效的衡量指标。借鉴张豪等（2018）[87] 的衡量方法，采用新产品产值与产品销售收入的比值作为衡量企业创新绩效的指标。另外，使用陶爱萍等（2011）[72] 的衡量方法，即新产品产值与工业总产值的比值作为代理变量进行稳健性检验。

主要解释变量：

（1）集聚经济（*Mar*、*Jacobs*）：参照廉同辉等（2013）[88] 的度量

① 为了避免变量间存在的多重共线性问题影响结果的有效性，对主要变量进行中心化处理。

方法，专业化集聚经济通过专业化指数（ *Mar* ）来表示专业化集聚的外部性对于同行业企业的影响，具体的衡量方法如下：

$$Mar_{ijt} = \frac{y_{ijt} / y_{it}}{y_{jt} / y_{t}} \tag{6-2}$$

在式（6-2）中，y_{ijt} 是 t 年 i 城市 j 行业的工业总产值；y_{it} 是 t 年 i 城市的工业总产值；y_{jt} 是 t 年全国 j 行业的工业总产值；y_{t} 是 t 年全国的工业总产值。其中，*Mar* 数值越大，说明该高端制造业的专业化程度越高。

此外，多样化集聚经济通过多样化指数（ *Jacobs* ）表示多样化集聚的外部性对于不同行业间的影响，具体的衡量方法如下：

$$Jacobs_{ijt} = 1 - \sum \left(\frac{y_{ijt}}{y_{it}} \right)^2 \tag{6-3}$$

其中，若某城市有多个高端制造业企业，且每个行业的工业总产值占该城市的工业总产值的比重都很小，那么高端制造业多样化指数的值将趋近于1；反之，若只有少数几个高端制造业行业占主导地位，那么高端制造业多样化指数的值将趋近于0。故 *Jacobs* 数值越接近于1，该高端制造业行业的多样化程度越高。

（2）法治环境（ *Law* ）：法律制度是市场活动公平竞争的有效保障，同时是促进企业间形成长期稳定合作关系的外部治理手段。使用樊纲等（2011）[6]编写的《中国市场化指数》中的地区法治环境指数衡量法治环境。为了解决模型中可能存在的内生性问题，本文将法治环境指数滞后两期进行回归。

此外，本文还控制其他内外部影响因素变量：

（1）企业规模（ ln*Size* ）：企业规模的大小反映着一个企业生产经

营能力和经济效益情况，是衡量一个企业是否有能力进行产品创新的重要条件，影响着企业创新。采用企业总就业人数的对数值来衡量。

（2）企业年龄（Age）：企业年龄是企业存续稳定性强弱的重要指标。企业成立时间越长，抵御风险的经验越丰富，在面对激烈的产品市场竞争时，企业进行产品技术创新意识更强，因此企业年龄会影响企业创新。采用样本年份减去企业成立年份衡量。

（3）企业平均工资（$\ln Wage$）：企业平均工资的高低是吸引技术人才前来求职的因素之一。一个企业平均工资水平越高，侧面反映企业的经济效益情况越好，企业更有资本通过产品技术创新来带动企业绩效的提高。采用本年应付工资总额与企业就业人数的比值的对数值来衡量。

（4）企业生产技术水平（Lp）：企业生产技术水平的高低直观反映了企业生产率的高低，即企业生产技术水平越高，会显著提高企业生产产品的效率，进而降低产品的生产平均成本，故能够带动企业创新绩效的提升。采用人均销售收入作为代理变量来衡量。

（5）竞争指标程度（$Compe$）：竞争指标程度反映企业在市场份额中竞争能力的强弱。在竞争激烈的产品市场中，企业需要提升产品的技术，更新产品的品质以满足市场的需求，才能占据更多市场份额而不被淘汰，因此企业竞争指标程度的大小也是影响企业创新的重要因素。采用不同城市行业内衡量集中程度的赫芬达尔指数来衡量，其中，S_{ijt} 为 t 年处于 i 城市行业的 j 企业的集合，E_{ijt} 为 t 年处于 i 城市中行业 j 的总就业人数，E_{ijty} 为企业 y 的就业人数。

$$Compe_{ijt} = \ln\left[\frac{1}{\sum_{y \in S_{ijt}} (E_{ijty} / E_{ijt})^2}\right] \tag{6-3}$$

（6）出口密集度（*Export*）：考虑到企业产品出口其他国家会产生技术溢出效应，进而提升企业创新科技研发水平。因此借鉴沈鸿和陈丽娴（2017）[89]的衡量方法，用企业出口交货值与产品销售收入的比值来衡量。

（7）基础设施（*Stru*）：良好的基础设施是一个企业选址的重要因素，能够降低企业的生产要素运输的成本，推动创新成本要素的流动，从而间接影响企业的创新。借鉴程中华和刘军（2015）[90]的衡量方法，用城市道路人均占有面积来衡量。

（8）本地行业市场规模（ln*Market*）：行业市场规模反映着一个地区经济发展程度。通常市场规模越大，消费水平整体越高，而且企业间竞争也会越激烈，所以企业需要通过产品创新、技术创新等手段来提升市场份额，从而影响企业创新绩效的提升。因此，借鉴于斌斌（2019）[91]的衡量方法，采用城市社会消费品零销售总额的对数代理来衡量。

6.3 影响效果评估分析

6.3.1 影响效果评估分析：基于OLS模型

表6–1汇报了使用OLS模型分析集聚经济、法治环境对高端制造业企业创新绩效影响的回归结果。其中，表6–1第（1）列专业化集聚经济的估计系数为正，且在1%水平下显著，即专业化集聚经济能够促进高端制造业企业创新绩效的提升，此结论验证了前文的假设H1。第（2）列结果显示，多样化集聚经济的估计系数在1%水平下显著为正，

即多样化集聚经济能够促进高端制造业企业创新绩效的提升，此结论验证了前文的假设H2。

另外，表6-1第（3）列法治环境的估计系数在1%水平下显著为正，即法治环境对高端制造业企业创新绩效具有促进作用，验证了前面的假设H3。第（4）列交叉项*Mar*×*Law*的估计系数显著为负，即法治环境对专业化集聚经济与高端制造业企业创新绩效的关系具有负向调节作用，验证了前面的假设H4a。第（5）列交叉项*Jacobs*×*Law*的估计系数为正但不显著，违背了前面的假设H4b。导致结果和假设H4b相违背的原因可能是被解释变量存在大量零值，属于归并数据，造成OLS回归结果出现偏差。

表6-1　OLS模型回归结果

变量	（1）	（2）	（3）	（4）	（5）
Mar	0.000353***			0.000240***	
	（0.000）			（0.000）	
Jacobs		0.149***			0.170***
		（0.000）			（0.003）
Law			0.00103***	0.000886***	0.00103***
			（0.000）	（0.001）	（0.000）
Mar×*Law*				−0.0000282**	
				（0.032）	
Jacobs×*Law*					0.00920
					（0.619）
ln*Size*	0.0195***	0.0199***	0.0185***	0.0182***	0.0186***
	（0.000）	（0.000）	（0.000）	（0.000）	（0.000）

续表

变量	（1）	（2）	（3）	（4）	（5）
Age	0.0000384**	0.0000380**	0.000120***	0.000120***	0.000120***
	（0.023）	（0.024）	（0.000）	（0.000）	（0.000）
ln*Wage*	0.00171***	0.00174***	0.00153***	0.00151***	0.00153***
	（0.000）	（0.000）	（0.000）	（0.000）	（0.000）
Lp	0.00347***	0.00355***	0.00358***	0.00353***	0.00361***
	（0.000）	（0.000）	（0.000）	（0.000）	（0.000）
Compe	−0.0139***	−0.0133***	−0.0134***	−0.0140***	−0.0135***
	（0.000）	（0.000）	（0.000）	（0.000）	（0.000）
Export	0.0994***	0.0994***	0.115***	0.115***	0.115***
	（0.000）	（0.000）	（0.000）	（0.000）	（0.000）
Stru	0.0000975**	0.0000960**	0.0000432	0.0000448	0.0000433
	（0.034）	（0.037）	（0.293）	（0.276）	（0.292）
ln*Market*	0.00400***	0.00323***	0.00257***	0.00313***	0.00249***
	（0.000）	（0.000）	（0.000）	（0.000）	（0.000）
时间变量	控制	控制	控制	控制	控制
地区变量	控制	控制	控制	控制	控制
常数项	0.0964***	0.104***	0.113***	0.108***	0.114***
	（0.000）	（0.000）	（0.000）	（0.000）	（0.000）
R^2	0.0353	0.0352	0.0504	0.0505	0.0504
样本容量	435893	435893	425025	425025	425025

注：***、**、*分别表示在1%、5%、10%水平上显著，括号内为p值。

6.3.2 影响效果评估分析：基于固定效应模型

本研究采用的数据为企业层面的面板数据，运用 OLS 进行回归不能完全控制不随时间变化而变化的因素导致遗漏变量问题的发生。因此，选取既可以控制只因个体而异，又可以控制仅随时间而变的遗漏变量问题的面板双向固定效应回归模型。首先，通过F检验拒绝使用混合回归模型；其次，进一步使用豪斯曼检验判断应该选用固定效应模型还是随机效应模型进行回归，检验结果显示强烈拒绝随机效应模型，所以选用同时控制个体效应和时间效应的双向固定效应模型进行实证检验。

表6-2汇报了使用固定效应模型分析集聚经济、法治环境对高端制造业企业创新绩效影响的回归结果。从表6-2回归结果可以看出，固定效应回归的结果与OLS的回归结果基本一致，说明虽然固定效应模型解决了个体效应和时间效应导致的遗漏变量问题，但其本质依然是最小二乘回归方法，进而无法解决因归并数据而导致的内生性问题。

表6-2　固定效应模型回归结果

变量	(1)	(2)	(3)	(4)	(5)
Mar	0.000255***			0.000114	
	(0.000)			(0.102)	
Jacobs		0.0580			0.00197
		(0.270)			(0.979)
Law			0.00114***	0.000963***	0.00117***
			(0.001)	(0.006)	(0.001)
Mar×*Law*				−0.0000326*	
				(0.075)	
Jacobs×*Law*					−0.0236
					(0.330)

续表

变量	(1)	(2)	(3)	(4)	(5)
ln*Size*	0.0171***	0.0173***	0.0166***	0.0164***	0.0166***
	(0.000)	(0.000)	(0.000)	(0.000)	(0.000)
Age	0.0000746***	0.0000742***	0.000175***	0.000175***	0.000175***
	(0.001)	(0.002)	(0.000)	(0.000)	(0.000)
ln*Wage*	0.000606	0.000612	0.000442	0.000437	0.000442
	(0.188)	(0.184)	(0.246)	(0.252)	(0.247)
Lp	0.00315***	0.00321***	0.00326***	0.00323***	0.00326***
	(0.000)	(0.000)	(0.000)	(0.000)	(0.000)
Compe	−0.00951***	−0.00865***	−0.00873***	−0.00938***	−0.00878***
	(0.000)	(0.000)	(0.000)	(0.000)	(0.000)
Export	0.121***	0.121***	0.126***	0.126***	0.126***
	(0.000)	(0.000)	(0.000)	(0.000)	(0.000)
Stru	0.000117*	0.000114*	0.0000370	0.0000409	0.0000370
	(0.055)	(0.063)	(0.480)	(0.436)	(0.480)
ln*Market*	−0.000139	−0.000763	−0.00136**	−0.000960	−0.00138**
	(0.862)	(0.333)	(0.039)	(0.153)	(0.036)
时间变量	控制	控制	控制	控制	控制
地区变量	控制	控制	控制	控制	控制
常数项	0.161***	0.166***	0.181***	0.177***	0.182***
	(0.000)	(0.000)	(0.000)	(0.000)	(0.000)
R^2	0.0306	0.0306	0.0476	0.0477	0.0476
样本容量	435893	435893	425025	425025	425025

注：***、**、*分别表示在1%、5%、10%水平上显著，括号内为p值。

6.3.3 影响效果评估分析：基于Tobit模型

被解释变量为创新绩效，因为数据集中新产品产值存在大量零值，且创新绩效具有非负性，所以 $Innov_{ijt} \leqslant 0$ 的数据被归并到 $Innov_{ijt}=0$ 的点上，导致数据集存在左归并问题，在这样的情况下，数据的结构会影响 OLS 与面板固定效应模型的准确性。考虑到归并数据集的特点，Tobit 模型可以很好地解决因被解释变量存在大量零值而导致 OLS 回归有偏的问题，因此，选择采用 Tobit 模型对数据再次进行定量分析，建立如下回归方程：

$$Innov_{ijt} = x_{ijt}^{'}\beta + \varepsilon_{ijt}, \varepsilon_{ijt} \left| x_{ijt} \sim N(0, \sigma^2) \right. \quad (6-5)$$

因为被解释变量创新绩效具有非负性，所以 $Innov_{ijt} > 0$ 模型的概率密度函数为：

$$\frac{1}{\sigma}\phi\left[(Innov_{ijt} - x_{ijt}^{'}\beta)/\sigma \right], \ \forall Innov_{ijt} > 0 \quad (6-6)$$

而 $Innov_{ijt} \leqslant 0$ 模型分布全部被压缩到“ $Innov_{ijt}=0$ ”的点上，此时的样本概率密度函数为：

$$P\left(Innov_{ijt} = 0 \middle| x_{ijt}\right) = 1 - P\left(Innov_{ijt} > 0 \middle| x_{ijt}\right) = 1 - \Phi\left(x_{ijt}^{'}\beta/\sigma\right) \quad (6-7)$$

因此，该样本的混合分布的密度函数为：

$$f\left(Innov_{ijt} \middle| x\right) = \left[1 - \Phi\left(x_{ijt}^{'}\beta/\sigma\right)\right]^{1\left(Innov_{ijt}=0\right)} \left[\frac{1}{\sigma}\phi\left(\left(Innov_{ijt} - x_{ijt}^{'}\beta\right)/\sigma\right)\right]^{1\left(Innov_{ijt}>0\right)} \quad (6-8)$$

最后，利用MLE估计，求出模型变量系数。

表6-3汇报了使用Tobit模型分析集聚经济、法治环境对高端制造业企业创新绩效影响的回归结果。其中，第（1）列专业化集聚经济的估计系数依然显著为正，即专业化集聚经济对高端制造业企业创新绩效具有促进作用。对此可能的解释是，专业化集聚区域内，专业劳动

力市场人才充足，企业更容易雇用到自己想要的员工，进而带动行业内知识与技术溢出，促进高端制造业企业创新绩效的提升。第（2）列多样化集聚经济的估计系数依然显著为正，即多样化集聚经济对高端制造业企业创新绩效具有显著的促进作用。对此可能的解释是，多样化集聚通过跨行业知识溢出、产业关联及中间投入品的共享，促进异质性知识的高素质人才集聚，强化不同行业高素质人才间信息交流，产生互补性的新思想，进而带动高端企业创新的发展。这与前文使用OLS回归结果一致，验证了前面的假设H1与假设H2，说明此结果是稳健的。

另外，表6–3第（3）列法治环境的估计系数为正且通过了1%显著性水平检验，即法治环境对高端制造业企业创新绩效具有正向影响。对此可能的解释是，一方面，在法律制度良好的地区，高端制造业企业的创新成果受到知识产权保护更强，降低了创新成果被其他企业窃取与模仿的可能性，使得企业有信心且持续不断地进行自主创新研发，从而有利于企业创新发展。另一方面，良好的法治环境不仅可以强化企业信息披露，减少合作企业间信息不对称问题，而且使得企业间合同契约执行效率变高，企业间违约风险变低，从而有利于企业创新发展，该结论验证了前文的假设H3。第（4）列结果显示，交叉项$Mar \times Law$的估计系数在1%水平下显著为负，即法治环境对专业化集聚经济与高端制造业企业创新绩效的关系具有负向调节作用。对此可能的解释是，在专业化集聚区域内，法律制度的完善会减少或抑制部分高端制造业企业间的窃取与模仿行为。而那些窃取不到其他高端企业创新成果，又存在创新瓶颈问题的企业无法紧跟时代潮流发展，在市场竞争中有退出市场的可能性，进而不利于整体创新绩效的提高，该结论验证了前面假设H4a，与OLS回归结果相同，说明了前面结论的稳健性。第（5）列*Jacobs*×*Law*的估计系数显著为正且通过了1%显著性水平检验，即法治环境对集聚经济对高端制造业企业创新绩效的关系具有正向调节作用。对此可能的解释是，在多样化集聚区域内，良好的法治环境通过提高合同执行效率及强化知识产权保护力度等渠道推动企业进行跨行业产研合作交流，产生新的创新灵感，进而带动企业创新水平的提升，该结论验证了前文假设4b。

表6-3　Tobit模型回归结果

变量	（1）	（2）	（3）	（4）	（5）
Mar	0.00227***			0.000901***	
	（0.000）			（0.000）	
Jacobs		2.091***			2.996***
		（0.000）			（0.000）
Law			0.0153***	0.0138***	0.0150***
			（0.000）	（0.000）	（0.000）
Mar×*Law*				−0.000293***	
				（0.000）	
Jacobs×*Law*					0.427***
					（0.000）
ln*Size*	0.293***	0.298***	0.257***	0.255***	0.259***
	（0.000）	（0.000）	（0.000）	（0.000）	（0.000）
Age	0.000732***	0.000728***	0.00128***	0.00128***	0.00128***
	（0.000）	（0.000）	（0.000）	（0.000）	（0.000）
ln*Wage*	0.0144***	0.0147***	0.0131***	0.0129***	0.0132***
	（0.000）	（0.000）	（0.000）	（0.000）	（0.000）

续表

变量	（1）	（2）	（3）	（4）	（5）
Lp	0.0256***	0.0263***	0.0234***	0.0232***	0.0238***
	（0.000）	（0.000）	（0.000）	（0.000）	（0.000）
Compe	−0.103***	−0.100***	−0.0928***	−0.0953***	−0.0939***
	（0.000）	（0.000）	（0.000）	（0.000）	（0.000）
Export	0.169***	0.168***	0.205***	0.205***	0.204***
	（0.000）	（0.000）	（0.000）	（0.000）	（0.000）
Strcu	0.00291***	0.00289***	0.00244***	0.00245***	0.00244***
	（0.000）	（0.000）	（0.000）	（0.000）	（0.000）
ln*Market*	0.0327***	0.0262***	0.0214***	0.0246***	0.0202***
	（0.000）	（0.000）	（0.000）	（0.000）	（0.000）
时间变量	控制	控制	控制	控制	控制
地区变量	控制	控制	控制	控制	控制
常数项	−2.109***	−2.039***	−1.699***	−1.734***	−1.689***
	（0.000）	（0.000）	（0.000）	（0.000）	（0.000）
Pseudo R^2	0.1022	0.1022	0.1117	0.1119	0.1119
样本容量	435893	435893	425025	425025	425025

注：***、**、*分别表示在1%、5%、10%水平上显著，括号内为p值。

6.4 影响效果评估的稳健性分析

为检验前面回归结果的稳健性，利用陶爱萍等（2017）[72]的衡量方法，以新产品产值与工业总产值的比值来衡量创新绩效，重新利用Tobit模型进行稳健性回归分析，结果如表6-4所示。表6-4第（1）列至第（3）列专业化集聚经济、多样化集聚经济、法治环境的估计系数依然显著为正，这与前文的回归结果基本一致，说明了前文的结论是稳健的。第（4）列交叉项*Mar*×*Law*的估计系数依然显著为负，第（5）列交叉项*Jacobs*×*Law*的估计系数依然显著为正，与前面的回归结果也基本一致，验证了前文结论的稳健性。

表6-4　稳健性检验回归结果

变量	（1）	（2）	（3）	（4）	（5）
Mar	0.00165***			0.000865***	
	（0.000）			（0.000）	
Jacobs		1.311***			2.038***
		（0.000）			（0.000）
Law			0.00632***	0.00533***	0.00608***
			（0.000）	（0.000）	（0.000）
Mar×*Law*				−0.000186***	
				（0.000）	
Jacobs×*Law*					0.277***
					（0.000）
ln*Size*	0.187***	0.190***	0.187***	0.185***	0.188***
	（0.000）	（0.000）	（0.000）	（0.000）	（0.000）
Age	0.000432***	0.000429***	0.000842***	0.000841***	0.000841***
	（0.000）	（0.000）	（0.000）	（0.000）	（0.000）
ln*Wage*	0.0102***	0.0104***	0.0105***	0.0103***	0.0105***
	（0.000）	（0.000）	（0.000）	（0.000）	（0.000）
Lp	0.0184***	0.0189***	0.0186***	0.0185***	0.0189***
	（0.000）	（0.000）	（0.000）	（0.000）	（0.000）

续表

变量	（1）	（2）	（3）	（4）	（5）
Compe	−0.0685***	−0.0663***	−0.0674***	−0.0695***	−0.0682***
	（0.000）	（0.000）	（0.000）	（0.000）	（0.000）
Export	0.0177***	0.0171***	0.0233***	0.0236***	0.0225***
	（0.000）	（0.000）	（0.000）	（0.000）	（0.000）
Stru	0.00201***	0.00199***	0.00188***	0.00189***	0.00188***
	（0.000）	（0.000）	（0.000）	（0.000）	（0.000）
ln*Market*	0.0230***	0.0184***	0.0179***	0.0205***	0.0170***
	（0.000）	（0.000）	（0.000）	（0.000）	（0.000）
时间变量	控制	控制	控制	控制	控制
地区变量	控制	控制	控制	控制	控制
常数项	−1.256***	−1.207***	−1.164***	−1.191***	−1.157***
	（0.000）	（0.000）	（0.000）	（0.000）	（0.000）
Pseudo R^2	0.1338	0.1336	0.1355	0.1358	0.1358
样本容量	435162	435162	424331	424331	424331

注：***、**、*分别表示在1%、5%、10%水平上显著，括号内为p值。

6.5 影响效果评估的深入拓展分析

为了进一步探讨上面结论是否在普通制造业企业与高端制造业企业间存在差异，本章在式（6−1）的基础上，加入行业虚拟变量 H（高端制造业取值为1，普通制造业取值为0）及相应的多重交叉项①，得到如下模型：

① 为了避免变量间存在的多重共线性问题影响结果的有效性，对主要变量进行中心化处理。

$$\begin{aligned} Innov_{ijt} = &\alpha_0 + \alpha_1 Mar_{ijt} + \alpha_2 Jacobs_{ijt} + \alpha_3 Law_{ijt-2} + \alpha_4 H + \alpha_5 Mar_{ijt} \times Jacobs_{ijt} + \alpha_6 Mar_{ijt} \times H \\ &+ \alpha_7 Jacobs_{ijt} \times H + \alpha_7 Mar_{ijt} \times Law_{ijt-2} \times H + \alpha_8 Jacobs_{ijt} \times Law_{ijt-2} \times H + \alpha_9 \ln Size_{ijt} \\ &+ \alpha_{10} Age_{ijt} + \alpha_{11} \ln Wage_{ijt} + \alpha_{12} Lp_{ijt} + \alpha_{13} Compe_{ijt} + \alpha_{14} Export_{ijt} + \alpha_{15} Stru_{ijt} \\ &+ \alpha_{16} \ln Market_{ijt} + \lambda_{year} + \lambda_{province} + \varepsilon_{ijt} \end{aligned} \tag{6-9}$$

在式（6-9）中，制造业 H 表示行业虚拟变量；$Mar \times Law \times H$ 表示专业化集聚经济与制造业的交叉项；$Jacobs \times H$ 表示多样化集聚经济与制造业的交叉项；$Law \times H$ 表示法治环境与制造业的交叉项；$Mar \times Law \times H$ 表示专业化集聚经济、法治环境与制造业的三重交叉项；$Jacobs \times Law \times H$ 表示多样化集聚经济、法治环境与制造业的三重交叉项。其他变量选取与前文相同。

表6-5汇报了利用Tobit模型分析集聚经济、法治环境对制造业企业创新绩效影响的回归结果。其中，第（1）列交叉项 $Mar \times H$ 的估计系数在1%水平下显著为正，即专业化集聚经济对高端制造业企业创新绩效的促进作用高于普通制造业。对此可能的解释是，在专业化集聚区域内，高端制造业企业研发技术含量高，在进行更深入技术提升时，能够通过知识与技术溢出效应等促进产业技术提升，从而提高企业的创新绩效。第（2）列交叉项 $Jacobs \times H$ 的估计系数为负且不显著，即多样化集聚经济对高端制造业企业创新绩效的促进作用低于普通制造业。对此可能的解释是，普通制造业企业整体技术水平低，在多样化集聚内，更容易通过产业交流等获取技术，进而比高端制造业企业的创新绩效提升更快。第（3）列交叉项 $Law \times H$ 的估计系数显著为负，即法治环境对高端制造业企业创新绩效的促进作用低于普通制造业。对此可能的解释是，法治环境中的知识产权具有时效性，政府为了整体行业技术的提升发展，重新合理制定法律制度，有助于新知识、新

技术的传播，打破高端制造业企业对知识技术的垄断，普通制造业企业技术创新水平逐渐提升，从而有利于企业创新收益良好发展。

另外，表6-5第（4）列三重交叉项*Mar*×*Law*×*H*的估计系数为正，且在1%水平下显著。对此可能的解释是，在法律制度越完善的地区，专业化集聚经济对高端制造业企业创新绩效关系的促进作用相对较强。法治环境的完善通过知识产权保护等渠道弱化了知识与技术溢出效应，保障高端制造业企业创新要素，使得高端制造业的创新技术更好发挥。第（5）列三重交叉项*Mar*×*Law*×*H*的估计系数为负但不显著。对此可能的解释是，在法律制度越完善的地区，多样化集聚对高端制造业企业创新绩效的促进作用相对弱于多样化集聚对普通制造业企业创新绩效的促进作用。

表6-5　Tobit模型回归结果

变量	（1）	（2）	（3）	（4）	（5）
Mar	0.00323***			0.00385***	
	（0.000）			（0.000）	
Jacobs		7.214***			12.53***
		（0.000）			（0.000）
Law			0.133***	0.126***	0.117***
			（0.000）	（0.000）	（0.000）
H	1.478***	1.439***	1.532***	1.486***	1.471***
	（0.000）	（0.000）	（0.000）	（0.000）	（0.000）
Mar×*H*	0.00593***				
	（0.000）				
Jacobs×*H*		−0.484			

续表

变量	（1）	（2）	（3）	（4）	（5）
		（0.665）			
Law×*H*			−0.0545***		
			（0.000）		
Mar×*Law*				0.000727***	
				（0.000）	
Jacobs×*Law*					1.703***
					（0.000）
Mar×*Law*×*H*				0.000722***	
				（0.000）	
Jacobs×*Law*×*H*					−0.0167
					（0.960）
ln*Size*	0.980***	0.992***	0.981***	0.975***	0.984***
	（0.000）	（0.000）	（0.000）	（0.000）	（0.000）
Age	0.00127***	0.00126***	0.00270***	0.00270***	0.00269***
	（0.000）	（0.000）	（0.000）	（0.000）	（0.000）
ln*Wage*	0.00451	0.00545	0.00642*	0.00440	0.00606*
	（0.188）	（0.112）	（0.074）	（0.220）	（0.092）
Lp	0.0292***	0.0300***	0.0303***	0.0298***	0.0305***
	（0.000）	（0.000）	（0.000）	（0.000）	（0.000）
Compe	−0.351***	−0.340***	−0.348***	−0.359***	−0.349***
	（0.000）	（0.000）	（0.000）	（0.000）	（0.000）
Export	0.00239***	0.00240***	0.0405***	0.0393***	0.0399***
	（0.009）	（0.008）	（0.000）	（0.000）	（0.000）

续表

变量	（1）	（2）	（3）	（4）	（5）
Strcu	0.00507***	0.00478***	0.00552***	0.00603***	0.00554***
	（0.000）	（0.000）	（0.000）	（0.000）	（0.000）
ln*Market*	0.0126**	−0.00950*	−0.0352***	−0.0141**	−0.0373***
	（0.027）	（0.094）	（0.000）	（0.019）	（0.000）
时间变量	控制	控制	控制	控制	控制
地区变量	控制	控制	控制	控制	控制
常数项	−8.805***	−8.559***	−7.909***	−8.210***	−7.964***
	（0.000）	（0.000）	（0.000）	（0.000）	（0.000）
Pseudo R^2	0.0677	0.0675	0.0694	0.0695	0.0692
样本容量	2440594	2440594	2311002	2311002	2311002

注：***、**、*分别表示在1%、5%、10%水平上显著，括号内为p值。

6.6 集聚经济和法治环境影响评估分析的主要结论与政策建议

6.6.1 集聚经济和法治环境影响评估分析的主要结论

本章将《中国工业企业数据库》《中国城市统计年鉴》和“中国地区法治环境指数”数据进行匹配，运用OLS模型、固定效应模型、Tobit模型多种实证方法进行评估分析，探究影响因素集聚经济、法治环境与高端制造业企业创新绩效间的关系，以及考察法治环境对集聚经济与高端制造业企业创新绩效的调节作用，得出如下量化结论：集聚经济、法治环境均有助于高端制造业企业创新绩效的提升；法治环境负向调节专业化集聚经济与高端制造业企业创新绩效的关系，而正向调节多样化集聚经济和高端制造业企业创新绩效的关系。此外，本章进一步研究发现，上述作用效果在高端制造业企业与普通制造业企业间存在明显的差异。

6.6.2 集聚经济和法治环境影响评估分析的政策建议

基于上述研究结论，本章谨慎提出以下政策建议：①根据前文研究得出不同类型的集聚经济（专业化集聚经济、多样化集聚经济）对中国高端制造业企业创新绩效的提高均具有不同程度的促进作用。结合现阶段中国先进制造业企业主要集中在东部发达地区及高技术人才集聚的地区，如北京中关村、深圳华强北等区域。因此，政府在制定制造业产业政策时，要根据产业集聚区域的发展阶段和产业特色，合理配置高端制造业产业资源，构建现代智能化产业结构体系，打造具有国际先进领先水准的高端制造业产业集群。②政府应当从宏观角度调控市场结构，鼓励良性的自由市场竞争，采取针对性政策为高端制造业企业在产业集聚区域内提供更多有利条件，积极鼓励高端制造业企业之间的技术转移，促进产业区内更多制造业企业进行技术研发与创新，从而摆脱对他国关键核心技术的依赖，加快中国制造业迈向全球中高端价值链的进程。③地区法治环境对高端制造业企业创新绩效具有显著的促进作用。因此，在制定知识产权政策时，政府需要根据地区现有的知识产权政策不断完善相关法律制度，有针对性地加快不同地区专利知识产权保护的建设，加强对高端产业创新成果的保护，营造更加公正的法治环境，推动企业创新发展。

6.7 集聚经济和法治环境影响评估分析小结

本章基于1998—2011年中国工业企业层面面板数据，运用OLS模型、固定效应模型、Tobit模型多种实证方法进行量化分析，研究集聚经济、法治环境对高端制造业企业创新绩效的影响机制，以及考察法治环境对上述过程的调节作用机制。在稳健性检验分析时采用更换代理变量方法进行量化分析，此外，进一步讨论上述作用效果在高端制造业与普通制造业间的差异性表现。

第7章

高端制造业企业创新绩效：人力资本和法治环境影响的评估分析

7.1 人力资本和法治环境影响的理论机制分析

7.1.1 人力资本对高端制造业企业创新绩效的影响

自20世纪初熊彼特提出创新以来[92]，其他学者对技术创新做进一步丰富拓展，其中以新古典经济学家索罗为代表，强调创新思想的来源和之后阶段的实现和发展[93]，使得学术界对于技术创新的认识不断深化。尤其在当下知识经济时代，人力资本作为创新的核心成分，即创新是人力物质资本与创新效率的应用函数[94]，“创新引擎”人力资本现已成为全球各大企业争相抢夺的重要资源。①人力资本作为一种“活资本”，具有增值性、创造性等特点[95]，高质量的人力资本对新知识与新技术的掌握及应用能力更加突出[47]，能够胜任技术密集型和知识密集型等高端制造业的技术研发，有助于企业获得更多高质量水平的产品、提升企业的劳动生产效率。②人力资本作为企业技术研发与应用的主要载体，高质量的人力资本不仅可以在企业内部创新时提供知识技术，还能通过“干中学”产研交流与向合作商学习国内外先进技术[90]，吸收融合更多缄默知识信息[96]，从而提高企业内部知识存储量，形成新的创新竞争优势，进一步增强企业对技术创新变革冲击的抵抗力[97]，使得竞争力强的制造业占据价值链的高端环节。③地区增加教育投资，能够促进当地人力资本不断积累，便于降低企业搜索人才时间成本[73]，进而优化地区人力资源配置效率，为普通制造业向中高端制造业转型升级提供充足的智力支撑。

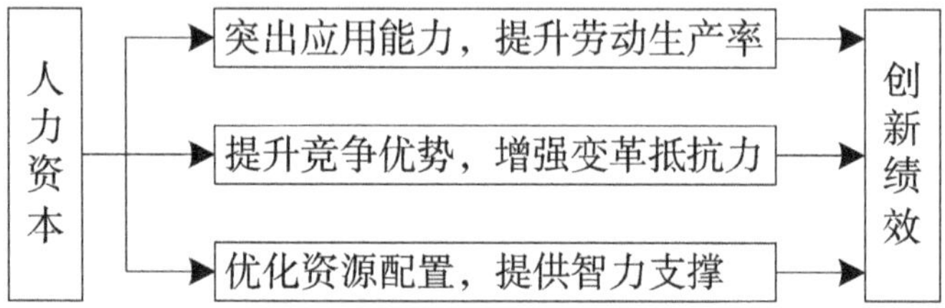

图7-1 人力资本对高端制造业企业创新绩效的影响机制

基于上述分析，提出如下假设，并做出机制传导图，如图7-1所示。

H1：在控制其他因素情况下，高质量的人力资本对高端制造业企业创新绩效有着显著的促进作用。

7.1.2 法治环境对高端制造业企业创新绩效的影响

法律制度作为一切经济体活动的外部激励与约束机制，良好的法律制度有助于企业创新发展。一方面，高端制造业具有技术含量高的特点。企业研发技术人员的创新行为具有“外溢效应”[77]，良好的法治环境能够降低企业研发成果外溢的制度风险[78]，有效保障研发主体的创新收益，进而提高研发人员的创新活力，提升企业创新绩效。另一方面，高端制造业具有投资风险高的特点。地区法治环境越完善，企业间合同契约执行效率更高，违约行为风险相对降低[79]，企业投资风险下降，进而促进企业创新稳定发展。此外，高端制造业具有知识信息密集度高的特点，企业对于技术创新保密要求高，但仍会有部分研发成果避免不了被其他企业模仿、窃取。完善的法律制度通过强化知识产权保护力度，降低被窃取或模仿的可能性[80]、弱化企业研发溢出风险损失[81]，进而促进企业持续不断地创新研发。还有，良好的法治环境可以加强信息披露、减少企业间信息不对称问题[82]，进而遏制某些高端企业利用合作伙伴的专有资源进行创新研究导致自身资源外露的行为，形成良好的交易氛围，促进企业创新良好发展。

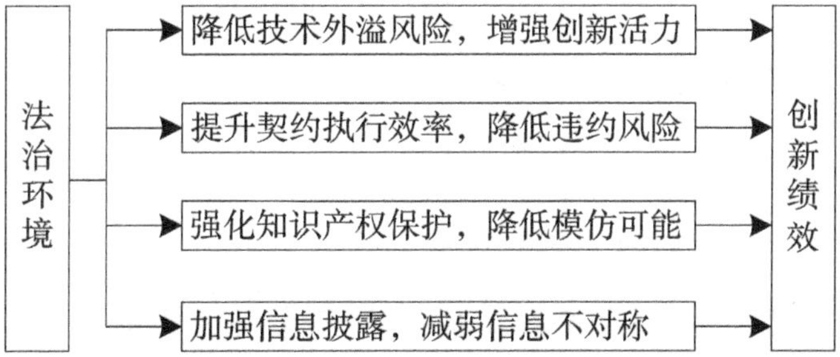

图7–2 法治环境对高端制造业企业创新绩效的影响机制

基于上述分析，提出如下假设，并做出机制传导图，如图7–2所示。

H2：在控制其他因素情况下，地区法律制度的改善对高端制造业企业创新绩效具有显著的促进作用。

7.1.3 法治环境的调节作用分析

一方面，在法治环境越好的地区，企业研发的创新成果受到知识产权保护力度就会越强，进而减弱其他企业模仿的行为[80]，减少研发溢出损失[81]，有利于企业持续不断地进行创新活动。另一方面，人力资本作为创新研发的驱动主体，良好的法治环境有利于地区重视全民素质教育水平的提高，进而人力资本存量也相应积累，有助于企业挖掘到更高质量的专业技术人才[73]，从而提升企业内部的知识创新能力和研发效率，促进企业创新发展。

基于上述分析，提出如下假设。

H3：在控制其他因素情况下，法治环境对人力资本与高端制造业创新绩效之间的关系具有正向的调节作用。

7.2 影响效果评估模型的构建

7.2.1 影响效果评估模型的建立

基于前文理论分析，为检验人力资本、法治环境对高端制造业企业创新绩效的影响，在借鉴吴淑娥等（2013）[60]、杜威剑和李梦洁（2015）[86]研究的基础上，加入人力资本与法治环境的交叉项（$HR \times Law$）①，本章构建如下模型进行回归分析：

$$
\begin{aligned}
Innov_{ijt} = {} & \alpha_0 + \alpha_1 HR_{it} + \alpha_2 Law_{it\text{-}2} + \alpha_3 HR_{it} \times Law_{it\text{-}2} + \alpha_4 \ln Size_{ijt} + \alpha_5 Age_{ijt} + \alpha_6 \ln Wage_{ijt} \\
& + \alpha_7 Lp_{ijt} + \alpha_8 Subsidy_{ijt} + \alpha_9 Compe_{ijt} + \alpha_{10} Export_{ijt} + \alpha_{11} Stru_{it} + \alpha_{12} \ln Market_{it} \\
& + \lambda_{year} + \lambda_{province} + \varepsilon_{ijt}
\end{aligned}
\tag{7-1}
$$

在式（7-1）中，i、j、t 分别表示城市、行业、时间；$Innov$ 为被解释变量，表示企业创新绩效；HR 表示人力资本；Law 表示法治环境；$HR \times Law$ 表示人力资本与法治环境的交叉项；$\ln Size$ 表示企业规模；Age 表示企业年龄；$\ln Wage$ 表示企业平均工资；Lp 表示企业生产技术水平；$Subsidy$ 表示补贴收入；$Compe$ 表示竞争指标程度；$Export$

① 为了避免变量间存在的多重共线性问题影响结果的有效性，对主要变量进行中心化处理。

表示出口密集度；*Stru* 表示基础设施；ln *Market* 表示地区行业市场规模；ε_{ijt} 为随机干扰项。此外，还控制了时间和地区变量（λ_{year}、$\lambda_{province}$）。

7.2.2 影响因素：变量选取

解释变量：人力资本（*HR*），现有文献对于人力资本的衡量多样，但学者们普遍认为教育是提高人力资本的有效途径，如小学入学率[98]、各地区从业人员中大专以上学历的总人数[99]、高等学校在校生数占地区总人口数的比值[100]、地区平均受教育年限[101]等。由于企业进行创新主要受到高素质人才技术水平的影响，因此借鉴沈坤荣和田源（2002）[99]的衡量方法，采用各地区大专以上学历就业人口数占6岁及6岁以上就业人口数的比重来衡量人力资本。

控制变量：补贴收入（*Subsidy*）。补贴收入可以在一定程度上缓解企业研发融资约束方面的束缚，采用政府补贴额来衡量。其他控制变量选取同第6章。

7.3 影响效果评估分析

7.3.1 影响效果评估分析：基于Tobit模型

被解释变量为创新绩效，但由于企业数据集中并非所有企业都进行创新，因此，新产品产值可能存在大量零值，导致数据集存在左归并问题。在采用传统线性回归模型进行估计时，可能会造成估计误差[102]。而Tobit模型是处理被解释变量，是由部分离散点分布与连续分布组成的归并数据问题的有效工具模型[102]。因此，为了保证估计的一致性和无偏性，利用Tobit模型系统分析人力资本、法治环境对高端制造业企业创新绩效的影响。表7–1报告了使用Tobit模型分析人力资本、法治环境对高端制造业企业创新绩效影响的回归结果。其中，第（1）列人力资本的回归系数在1%显著性水平下为正，即人力资本水平越高，越有助于高端制造业企业创新绩效的提升。对此可能的解释是，人力资本作为企业技术研发的主要载体，高质量的人力资本拥有较高的专业知识储备量，同时也容易吸收融合所需的新知识技术，进而有利于企业创新绩效的提升。该结论验证了前文的假说H1。第（2）列法治环境的回归系数在1%显著性水平下为正，即完善的法治环境正向促进高端制造业企业创新绩效的提高。对此可能的解释是，良好的法治环境能够有效维护企业的创新成果，降低企业研发溢出的风险损失，使得企业有信心持续不断进行创新研发。该结论同样验证了前文假说H2。

表7–1第（3）列人力资本与法治环境的交互项$HR \times Law$的回归系数在1%显著性水平下为正，即法治环境正向调节人力资本与高端制造业企业创新绩效间的关系。对此可能的解释是，法治环境越好的地区，全民素质教育水平越高，人力资本的集聚程度越高，有利于企业降低人才搜索成本，进而提升企业的知识创新能力，促进企业的创新发展。该结论验证了前文的假说H3。

表7-1 Tobit模型回归结果

变量	(1)	(2)	(3)
HR	9.146***		3.675***
	(0.000)		(0.000)
Law		0.117***	0.0843***
		(0.000)	(0.000)
HR×*Law*			1.304***
			(0.000)
ln*Size*	0.411***	0.414***	0.418***
	(0.000)	(0.000)	(0.000)
Age	0.0238***	0.0246***	0.0241***
	(0.000)	(0.000)	(0.000)
ln*Wage*	0.0269***	0.0664***	0.101***
	(0.001)	(0.000)	(0.000)
Lp	0.0278***	0.0296***	0.0242***
	(0.000)	(0.000)	(0.000)
Subsidy	0.0586***	0.0569***	0.0556***
	(0.000)	(0.000)	(0.000)
Compe	−0.0775***	−0.119***	−0.118***
	(0.000)	(0.000)	(0.000)
Export	2.538***	2.538***	2.538***
	(0.000)	(0.000)	(0.000)
Stru	−0.0239***	−0.0290***	−0.0264***
	(0.000)	(0.000)	(0.000)
ln*Market*	0.0216***	−0.00887	0.000127

续表

变量	（1）	（2）	（3）
	（0.005）	（0.256）	（0.987）
时间变量	控制	控制	控制
地区变量	控制	控制	控制
常数项	−6.592***	−6.147***	−6.579***
	（0.000）	（0.000）	（0.000）
Pseudo R^2	0.5909	0.5917	0.5919
样本容量	441757	441757	441757

注：***、**、*分别表示在1%、5%、10%水平上显著，括号内为p值。

7.3.2 影响效果评估分析：基于内生性分析

考虑到模型中变量间可能会存在内生性问题，即被解释变量与解释变量互为因果的过程，导致估计结果不准确。为了避免变量间存在的内生性问题对模型回归结果造成影响，采用地区知识产权保护指数作为法治环境的工具变量，以提高估计结果的有效性。

（1）GMM模型

表7–2报告了使用GMM模型分析人力资本、法治环境对高端制造业企业创新绩效影响的回归结果。第（1）列法治环境的估计系数在1%显著性水平下为负，违背了前文的假设2。第（2）列人力资本与法治环境的交互项 $HR \times Law$ 的回归系数在1%显著性水平下为正，此结论同样验证了前文的假设3。

（2）IV Tobit模型

在Tobit模型的基础上，为了避免模型中存在的内生性问题对回归结果造成偏误，因此，使用IV Tobit模型来解决受限解释变量为内生变量的问题。一方面，Wald 检验的p值为0.000，在1%水平上显著拒绝了外生性的原假设，这说明有理由采用IV Tobit模型克服内生性问题。另一方面，在使用工具变量时通常需要进行弱工具变量检验，但IV Tobit模型为非线性模型，而使用2SLS模型为线性模型，所以弱工具变量检验并不适用于IV Tobit模型[103]。

表7-2汇报了使用IV Tobit模型分析法治环境对高端制造业企业创新绩效影响的回归分析，结果发现：第（3）和第（4）列各主要解释变量的回归结果与表6-1 Tobit模型的第（2）和第（3）列回归结果显著性基本一致，即总体结果稳健，再次验证了上文的假说H2和假说H3。

表7-2　内生性分析回归结果

变量	（1）	（2）	（3）	（4）
	GMM模型		IV Tobit模型	
HR		1.122***		−2.2311***
		（0.000）		（0.000）
Law	−0.00809***	−0.0104***	0.0564***	−0.0120***
	（0.000）	（0.000）	（0.000）	（0.000）
HR×*Law*		0.280***		0.1236***
		（0.000）		（0.000）
ln*Size*	−0.138***	−0.136***	0.126***	0.124***
	（0.000）	（0.000）	（0.000）	（0.000）
Age	0.00626***	0.00612***	0.00445***	0.00457***
	（0.000）	（0.000）	（0.000）	（0.000）
ln*Wage*	−0.0428***	−0.0349***	0.0458***	0.0278***
	（0.000）	（0.000）	（0.000）	（0.000）

续表

变量	(1)	(2)	(3)	(4)
	GMM模型		IV Tobit模型	
Lp	0.0124***	0.0116***	0.00665***	0.00804***
	(0.000)	(0.000)	(0.000)	(0.000)
Subsidy	0.0290***	0.0284***	0.00547***	0.00639***
	(0.000)	(0.000)	(0.003)	(0.000)
Compe	−0.0120***	−0.0145***	−0.0458***	−0.0447***
	(0.000)	(0.000)	(0.000)	(0.000)
Export	2.538***	2.538***	0.0859***	0.0774***
	(0.000)	(0.000)	(0.000)	(0.000)
Stru	−0.00993***	−0.00932***	0.00118***	0.00108***
	(0.000)	(0.000)	(0.000)	(0.000)
ln*Market*	−0.0323***	−0.0327***	0.00454***	0.00664***
	(0.000)	(0.000)	(0.002)	(0.000)
时间变量	控制	控制	控制	控制
地区变量	控制	控制	控制	控制
常数项	0.948***	0.909***	−0.978***	−0.259
	(0.000)	(0.000)	(0.009)	(0.486)
R^2	0.9999	0.9999		
*Wald*检验			51.37***	12.99**
样本容量	404551	404551	404551	404551

注：***、**、*分别表示在1%、5%、10%水平上显著，括号内为p值。

7.3.3 影响效果评估分析：基于Logit模型

根据企业创新数据的新产品产值是否为0，进而可以判断企业是否进行创新，因此，将被解释变量的衡量方式设置为二元虚拟变量，即新产品产值不为0的企业为企业进行创新，其值为1；反之，新产品产值为0的企业为企业未进行创新，其值为0，进而本章建立了相应的离散数据样本。Logit模型可以很好地解决二元选择离散数据问题，采用Logit模型分析人力资本、法治环境对高端制造业企业创新绩效影响的回归结果，结果显示：表7-3第（1）至第（3）列各变量的显著性与前文的基本一致，侧面印证前文的回归结果较为稳健。

表7-3 Logit模型回归结果

变量	（1）	（2）	（3）
HR	8.452***		2.292***
	（0.000）		（0.000）
Law		0.116***	0.0994***
		（0.000）	（0.000）
HR×*Law*			0.572***
			（0.000）
ln*Size*	0.495***	0.507***	0.509***
	（0.000）	（0.000）	（0.000）
Age	0.0171***	0.0177***	0.0175***
	（0.000）	（0.000）	（0.000）
ln*Wage*	0.0668***	0.116***	0.132***
	（0.000）	（0.000）	（0.000）
Lp	0.0141***	0.0145***	0.0123***
	（0.000）	（0.000）	（0.002）
Subsidy	0.0981***	0.0936***	0.0910***
	（0.000）	（0.000）	（0.000）

续表

变量	(1)	(2)	(3)
Compe	−0.0438***	−0.0901***	−0.0907***
	(0.000)	(0.000)	(0.000)
Export	0.104***	0.0388**	0.0619***
	(0.000)	(0.018)	(0.000)
Stru	−0.0207***	−0.0245***	−0.0236***
	(0.000)	(0.000)	(0.000)
ln*Market*	0.0429***	0.0117**	0.0153***
	(0.000)	(0.023)	(0.003)
时间变量	控制	控制	控制
地区变量	控制	控制	控制
常数项	−5.097***	−4.711***	−4.881***
	(0.000)	(0.000)	(0.000)
Pseudo R^2	0.0776	0.0892	0.0895
样本容量	363595	363595	363595

注：***、**、*分别表示在1%、5%、10%水平上显著，括号内为p值。

7.4 影响效果评估的稳健性分析

在前面的实证分析中，利用陶爱萍等（2017）[72]的衡量方法，以新产品产值与工业总产值的比值来衡量创新绩效，再次利用Tobit模型进行稳健性回归分析，回归结果如表7–4第（1）列至第（3）列所示。结果发现，表7–4中各变量回归结果与前文的基本一致，表明本章估计结果是稳健且可靠的。

表7-4 稳健性检验回归结果

变量	（1）	（2）	（3）
HR	57.05***		4.115
	（0.000）		（0.310）
Law		0.854***	0.805***
		（0.000）	（0.000）
HR×*Law*			2.093***
			（0.001）
ln*Size*	2.820***	2.847***	2.852***
	（0.000）	（0.000）	（0.000）
Age	0.157***	0.162***	0.161***
	（0.000）	（0.000）	（0.000）
ln*Wage*	0.267***	0.567***	0.624***
	（0.000）	（0.000）	（0.000）
Lp	−0.0523	−0.0366	−0.0469
	（0.267）	（0.434）	（0.319）
Subsidy	0.319***	0.303***	0.301***
	（0.000）	（0.000）	（0.000）
Compe	−0.564***	−0.879***	−0.877***
	（0.000）	（0.000）	（0.000）
Export	0.0136***	0.0137***	0.0137***
	（0.000）	（0.000）	（0.000）
Stru	−0.104***	−0.137***	−0.134***
	（0.000）	（0.000）	（0.000）
ln*Market*	0.412***	0.175***	0.191***

续表

变量	（1）	（2）	（3）
	（0.000）	（0.001）	（0.000）
时间变量	控制	控制	控制
地区变量	控制	控制	控制
常数项	−47.94***	−44.17***	−44.93***
	（0.000）	（0.000）	（0.000）
Pseudo R^2	0.0895	0.0911	0.0911
样本容量	441757	441757	441757

注：***、**、*分别表示在1%、5%、10%水平上显著，括号内为p值。

7.5 影响效果评估的深入拓展分析

为进一步探讨前面结论在普通制造业企业与高端制造业企业间是否存在差异，在式（7−1）的基础上，加入制造业二元虚拟变量 H（高端制造业取值为1，普通制造业取值为0）及相应的多重交叉项[①]，得到如下模型：

$$\begin{aligned} Innov_{ijt} = & \alpha_0+\alpha_1 HR_{it}+\alpha_2 Law_{it\text{-}2}+\alpha_3 H+\alpha_4 HR_{it}\times Law_{it\text{-}2}+\alpha_5 HR_{it}\times H+\alpha_6 Law_{it\text{-}2}\times H \\ & +\alpha_7 HR_{it}\times Law_{it\text{-}2}\times H+\alpha_8 \ln Size_{ijt}+\alpha_9 Age_{ijt}+\alpha_{10}\ln Wage_{ijt}+\alpha_{11} Lp_{ijt}+\alpha_{12} Subsidy_{ijt} \\ & +\alpha_{13} Compe_{ijt}+\alpha_{14} Export_{ijt}+\alpha_{15} Stru_{it}+\alpha_{16}\ln Market_{it}+\lambda_{year}+\lambda_{province}+\varepsilon_{ijt} \end{aligned} \quad (7-2)$$

在式（7−2）中，H 表示制造业虚拟变量；$HR\times H$ 表示人力资本与制造业的交叉项；$Law\times H$ 表示法治环境与制造业的交叉项；$HR\times Law\times H$ 表示人力资本、法治环境与制造业的三重交叉项。其他变量选取与前文一致。

① 为了避免变量间存在的多重共线性问题影响结果的有效性，对主要变量进行中心化处理。

表7–5报告了使用Tobit模型分析人力资本、法治环境对制造业企业创新绩效影响的回归结果。其中，第（1）列交叉项$HR \times H$的回归系数显著为正，即相比于普通制造业企业而言，人力资本对高端制造业企业创新发展作用效果更好。对此可能的解释是，普通制造业企业本身创新能力不足，缺乏高质量的技术人才进行创新，高端制造业企业拥有较高质量的人力资本，研发能力更强，更容易突破技术瓶颈，从而研发出更多的创新产品或改善之前产品的不足。第（2）列交叉项$Law \times H$的回归系数在1%显著性水平下为负，即相比于高端制造业而言，法治环境对普通制造业企业创新发展的作用效果更好。对此可能的解释是，法治环境中的知识产权具有时效性，政府为了整体行业技术的提升发展，重新合理制定法律制度，有助于新知识、新技术的传播，打破高端制造业企业对知识技术的垄断，普通制造业企业技术创新水平逐渐提升，有利于企业创新收益良好发展。

另外，表7–5第（3）列三重交叉项$HR \times Law \times H$的估计系数在1%水平下显著为负，即在法律制度越完善的地区，人力资本对普通制造业企业创新绩效关系的促进作用相对更好。对此可能的解释是，完善的地区法治环境能够降低高端制造业企业研发创新成果被模仿的可能性，但普通制造业由于受到技术问题自身解决不了，进而不利于整个产业链整体技术水平的提升。

表7–5　Tobit模型回归结果

变量	（1）	（2）	（3）
HR	67.75***		2.108
	（0.000）		（0.212）
Law		0.942***	0.930***

续表

变量	（1）	（2）	（3）
		（0.000）	（0.000）
H	2.859***	2.836***	3.506***
	（0.000）	（0.000）	（0.000）
HR×*H*	2.997*		34.06***
	（0.080）		（0.000）
Law×*H*		−0.0628***	−0.189***
		（0.000）	（0.000）
HR×*Law*			2.034***
			（0.000）
HR×*Law*×*H*			−2.305***
			（0.000）
ln*Size*	1.522***	1.573***	1.582***
	（0.000）	（0.000）	（0.000）
Age	0.108***	0.111***	0.110***
	（0.000）	（0.000）	（0.000）
ln*Wage*	0.0205	0.332***	0.385***
	（0.340）	（0.000）	（0.000）
Lp	0.0275	0.0633***	0.0559***
	（0.166）	（0.001）	（0.004）
Subsidy	0.260***	0.255***	0.252***
	（0.000）	（0.000）	（0.000）
Compe	−0.276***	−0.605***	−0.604***
	（0.000）	（0.000）	（0.000）

续表

变量	（1）	（2）	（3）
Export	0.0240***	0.0241***	0.0240***
	（0.000）	（0.000）	（0.000）
Stru	−0.0534***	−0.0810***	−0.0764***
	（0.000）	（0.000）	（0.000）
ln*Market*	−0.0438**	−0.291***	−0.285***
	（0.018）	（0.000）	（0.000）
时间变量	控制	控制	控制
地区变量	控制	控制	控制
常数项	−31.83***	−27.99***	−28.49***
	（0.000）	（0.000）	（0.000）
Pseudo R^2	0.132	0.1353	0.1353
样本容量	2178284	2178284	2178284

注：***、**、*分别表示在1%、5%、10%水平上显著，括号内为p值。

7.6 人力资本和法治环境影响评估分析的主要结论与政策建议

7.6.1 人力资本和法治环境影响评估分析的主要结论

本章利用《中国工业企业数据库》《中国城市统计年鉴》《中国统计年鉴》和“中国地区法治环境指数”数据进行匹配，运用Tobit模型、GMM模型、IV Tobit模型、Logit模型评估方法，研究影响因素人力资本、法治环境与高端制造业企业创新绩效间的关系，以及考察法治环境对人力资本与高端制造业企业创新绩效关系的调节作用，得出如下量化结论：人力资本、法治环境均显著促进高端制造业企业创新绩效的提升；完善的地区法治环境正向调节人力资本对高端制造业企业创新绩效的促进作用。此外，本章进一步研究发现，上述作用效果在高端制造业与普通制造业企业间存在明显的差异。

7.6.2 人力资本和法治环境影响评估分析的政策建议

基于上述研究结论，本章谨慎提出以下政策建议：①根据前文研究得出地区人力资本对中国高端制造业企业创新绩效的提高具有促进作用。因此，政府必须要优化教育资源分布结构，缩小地区差距，提升中国整体教育水平，带动人力资本水平的不断积累，满足高端制造业对专业人才的需求，继续深化供给侧改革，进而促进普通制造业向价值链高端环节迈进。②良好的法治环境同样正向影响高端制造业企业创新绩效的提升。因此，政府必须营造良好的科研外部环境，进而加快推进创新驱动战略的实施，提高科技创新支撑能力，加强关键核心技术攻关，改革科技成果转化机制。同时，法治环境在设计时需兼顾高端制造业和普通制造业的发展特点，构建有效的激励机制和良性竞争机制，为各类企业均衡发展提供坚实有效的保护。③法治环境对于人力资本与高端制造业企业创新绩效之间的关系具有显著的正向调节作用。因此，结合人力资本相关政策，各地区政府应该实地调研，制定合理的地区法律制度，营造良好的鼓励性科研环境，使高端企业人员有信心愿意进行科研创新，进而提升中国的科技创新实力，加快中国创新型企业的发展建设，促进中国从制造大国向制造强国、科技强国迈进。

7.7 人力资本和法治环境影响评估分析小结

本章基于2002—2011年中国工业企业层面面板数据，运用Tobit模型、GMM模型与IV Tobit模型及Logit模型多种实证方法进行量化分析，研究人力资本、法治环境对中国高端制造业企业创新绩效的影响机制，以及考察法治环境对上述过程的调节作用机制。在稳健性检验分析时采用更换代理变量方法进行量化分析，此外，进一步讨论上述作用效果在高端制造业与普通制造业间的差异性表现。

第8章

高端制造业企业创新绩效：官员特征和法治环境影响的评估分析

8.1 官员特征和法治环境影响的理论机制分析

8.1.1 政府行为对高端制造业企业创新绩效的影响

政府行为对高端制造业企业创新绩效的影响，主要体现在干预创新资源配置、引导企业及银行投资方向两个方面。一方面，政府掌管着公共资源配置及政策落地实施的主要决策权，决定了地方创新资源的配置及创新政策的实施[104]。政府通过金融政策、财政补贴等方式资助企业，为企业进行创新活动提供资金保障，进而提高高端制造业企业创新绩效。另一方面，政府采取的鼓励政策直接体现了国家对高端制造业科技创新的重视程度，不仅能够激励企业增加研发投入，促进创新成果的增加[105]，同时也促使银行拓宽信贷规模，有效缓解企业创新过程中资金不足问题[81]。

综上所述，本研究认为政府行为能够促进高端制造业企业创新绩效，并做出机制传导图，如图8-1所示。

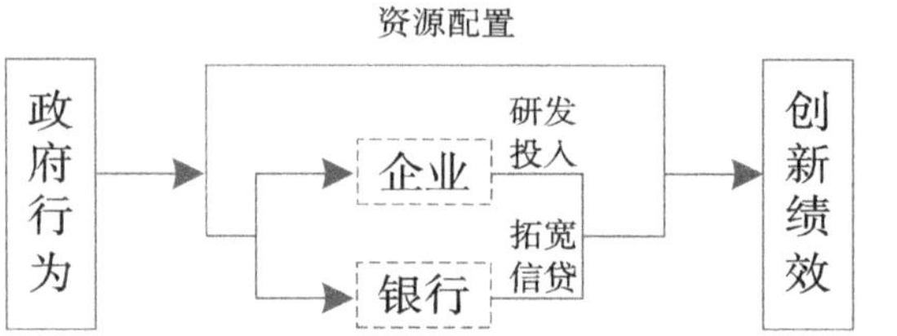

图8-1 政府行为对高端制造业企业创新绩效的影响机制

8.1.2 官员特征对高端制造业企业创新绩效的影响

在中国现行的行政体制下，地方政府不是抽象存在的，政府官员驱动着政府的行为模式，政策的制定及实施通常由地方政府官员自身偏好及政治诉求所决定[106]。因此，政府官员的个性特征深刻地影响着高端制造业企业创新绩效。

科技创新是一个持续性过程，研发周期较长，获得经济效益较慢，短期内无法“兑现”经济增长[107]。基于我国“晋升锦标赛”背景下的行政治理模式，官员考核的主要依据是经济增长。是否具有某些相关专业背景在很大程度上影响着官员在决策时一些必要的行为选择。通常具有工程师背景的管理者能够甄别出有价值的高端企业项目，关注当地经济长期发展，因而官员会更注重创新，为创新项目科学合理规划布局，更能接受战略的改变[108]；但具有经济师背景的官员更加深刻地明晰投入经济产出效率，在短时间任期内为实现自身的政治晋升目标往往忽略投资周期长、风险高的高端制造业相关项目，倾向于选择投资相对稳定的政绩工程以达到经济指标的快速提升，使得当地制造业的技术水平仍旧相对落后及企业创新能力不足等问题，从而不利于当地企业长期发展。

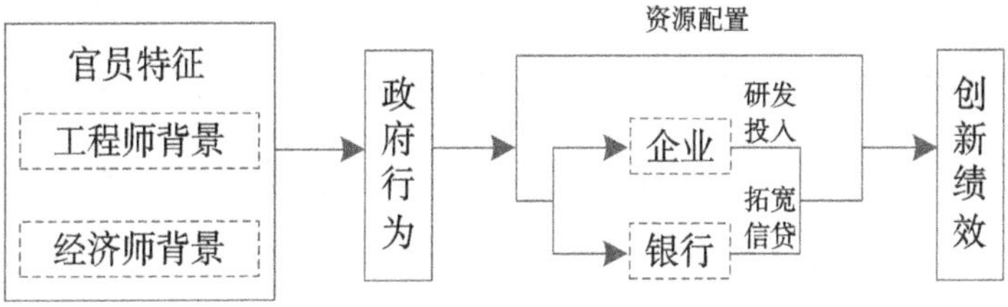

图8–2　官员特征对高端制造业企业创新绩效的影响机制

基于上述分析，提出如下假设，并做出机制传导图，如图8–2所示。

H1a：在控制其他因素的情况下，具有工程师背景的官员对高端制造业企业创新绩效有着显著的促进作用。

H1b：在控制其他因素的情况下，具有经济师背景的官员对高端制造业企业创新绩效有着显著的抑制作用。

8.1.3　法治环境对高端制造业企业创新绩效的影响

法律制度作为一切经济体活动的外部激励与约束机制，良好的法律制度有助于企业创新发展。一方面，高端制造业具有技术含量高的特点，企业研发技术人员的创新行为具有“外溢效应”[77]，良好的法治环境能够降低企业研发成果外溢的制度风险[78]，有效保障研发主体的创新收益，进而提高研发人员的创新活力，提升企业创新绩效。另一方面，高端制造业具有投资风险高的特点。地区法治环境越完善，企业间合同契约执行效率更高，违约行为风险相对降低[79]，企业投资风险下降，进而促进企业创新稳定发展。此外，高端制造业具有知识信息密集度高的特点，企业对于技术创新保密要求高，但仍会有部分研发成果避免不了被其他企业模仿、窃取。完善的法律制度通过强化知识产权保护力度，降低被窃取或模仿的可能性[80]、弱化企业研发溢出风险损失[81]，进而促进企业持续不断地创新研发。还有，良好的法治环境可以加强信息披露、减少企业间信息不对称问题[82]，进而遏制某些高端企业利用合作伙伴的专有资源进行创新研究导致自身资源外露行为，有助于形成良好的交易氛围，促进企业创新良好发展。

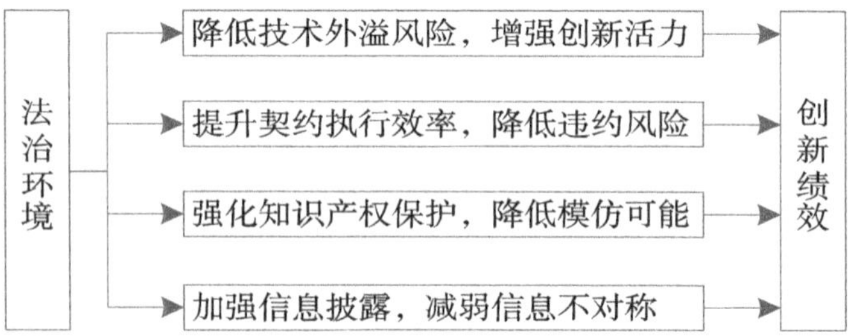

图8-3 法治环境对高端制造业企业创新绩效的影响机制

基于上述分析，提出如下假设，并做出机制传导图，如图8-3所示。

H2：在控制其他因素情况下，地区法律制度的改善对高端制造业企业创新绩效有着显著的促进作用。

8.1.4 法治环境的调节作用分析

法治环境作为企业运营的外部治理机制，有效地提高契约执行效率，降低信息不对称问题，为银行拓宽信贷规模提供制度保障[79]，为企业开展创新活动奠定物质基础，同时也给予高端制造业企业创新成果的保护，极大地激发高端制造业企业的创新热情。因而，法治环境越好，具有工程师背景的官员对高端制造业企业创新活动的支持效果越显著。完善的法律制度和严格的执法体系对政府官员具有约束和监管的作用[108]，有效地避免某些政府官员为实现其晋升目标、盲目追求短暂经济效益而造成高端制造业企业创新资源配置不合理的现象，进而降低具有经济师背景的政府官员对高端制造业企业创新绩效的抑制作用。

基于上述分析，提出如下假设。

H3a：在控制其他因素的情况下，法治环境对具有工程师背景的官员与高端制造业企业创新绩效之间的关系具有正向调节作用。

H3b：在控制其他因素的情况下，法治环境对具有经济师背景的官员与高端制造业企业创新绩效之间的关系具有负向调节作用。

8.2 影响效果评估模型的构建

8.2.1 影响效果评估模型的建立

基于前文理论分析，为检验官员特征、法治环境对高端制造业企业创新绩效的影响，在借鉴吴超鹏和唐莳（2016）[81]研究的基础上，加入官员特征与法治环境的交叉项（$Personal \times Law$）①，本章构建如下模型进行回归分析：

$$
\begin{aligned}
Innov_{ijt} = & \alpha_0 + \alpha_1 Personal_{it} + \alpha_2 Law_{ijt-2} + \alpha_3 Personal_{it} \times Law_{ijt-2} + \alpha_4 \ln Size_{ijt} + \alpha_5 Age_{ijt} \\
& + \alpha_6 \ln Wage_{ijt} + \alpha_7 Lp_{ijt} + \alpha_8 Subsidy_{ijt} + \alpha_9 Compe_{ijt} + \alpha_{10} Export_{ijt} + \alpha_{11} Stru_{ijt} \\
& + \alpha_{12} \ln Market_{ijt} + \lambda_{year} + \lambda_{province} + \varepsilon_{ijt} \qquad (8\text{-}1)
\end{aligned}
$$

在式（8-1）中，i、j、t 分别表示地区、企业和时间；$Innov$ 为被解释变量，表示企业创新绩效；$Personal$ 表示政府官员特征；Law 表示法治环境；$Personal \times Law$ 表示政府官员特征与法治环境的交叉项；$\ln Size$ 表示企业规模；Age 表示企业年龄；$\ln Wage$ 表示企业平均工资；Lp 表示企业生产技术水平；$Subsidy$ 表示补贴收入；$Compe$ 表示竞争

① 为了避免变量间存在的多重共线性问题影响结果的有效性，对主要变量进行中心化处理。

指标程度；*Export* 表示出口密集度；*Stru* 表示基础设施；ln *Market* 表示地区行业市场规模。此外，还控制了时间和地区变量（*λyear*、*λprovince*），ε_{ijt} 为随机扰动项。

8.2.2 影响因素：变量选取

解释变量：官员特征（*Personal*），将官员个人信息定位到地级市党委书记，选取经济专业背景、工作履历两个维度来衡量政府官员特征，关于具有工程师背景的官员（*Engineer*）：采用是否具有工程师背景衡量，具有工程师背景取值为1，否则取值为0。关于具有经济师背景的官员（*Skill*）：采用是否具有经济师背景衡量，具有经济师背景取值为1，否则取值为0。

其他控制变量的选取同第6章和第7章。

8.3 影响效果评估分析

8.3.1 影响效果评估分析：基于Tobit模型

表8-1报告了使用Tobit模型分析官员特征、法治环境对高端制造业企业创新绩效影响的回归结果。其中，第（1）列具有工程师背景的官员的估计系数在1%水平下显著为正，即具有工程师背景的官员对高端制造业企业创新绩效具有显著的促进作用，验证了假设H1a。对此可能的解释是，具有工程师背景的官员能够识别出有价值的高端科技项目，通过合理规划科技战略，进而带动当地企业技术竞争实力的提升，提高当地企业的创新绩效，有利于当地经济长期稳定发展。表8-1第（2）列具有经济师背景的官员的估计系数在1%水平下显著为负，

即具有经济师背景的官员对高端制造业企业创新绩效具有显著的 抑制作用，验证了假设H1b。对此可能的解释是，在“晋升锦标赛”的激励下，官员为提高经济指标更多地将投资指向政绩工程，而忽视对科技创新的支持与投入，因此对高端制造业企业创新绩效会产生不利影响。第（3）列法治环境的估计系数在1%水平下显著为正，即法治环境能够促进高端制造业企业创新绩效的提高。对此可能的解释是，一方面，良好的法治环境降低了创新成果被模仿的威胁，能够激发高端制造业企业创新热情；另一方面，法律制度的完善能够降低信贷风险，拓宽信贷渠道，为高端制造业企业开展创新活动提供资金保障。相应地验证了假设H2。

表8-1第（4）列和第（5）列加入法治环境与政府官员特征的交叉项，进一步分析官员特征与高端制造业企业创新绩效之间的关系在不同法治环境下的差异表现。结果显示，法治环境与具有工程师背景的官员的交叉项*Engineer*×*Law*的估计系数在1%水平下显著为正，表明法治环境对具有工程师背景的官员与高端制造业企业创新绩效之间的关系具有正向调节作用。对此可能的解释是，在良好的法治环境下，具有工程师背景的官员通过相关政策与知识产权相结合，维护当地企业的创新成果，合理规划当地企业布局，提升当地企业的技术竞争实力，进而提高企业的创新绩效，则相应验证了假设H3a。另外，法治环境与具有经济师背景的官员的交叉项*Skill*×*Law*的估计系数均在1%水平下显著为负，即法治环境的改善能够降低具有经济师背景的官员对高端制造业企业创新绩效的抑制作用。对此可能的解释是，完善的法律制度对政府官员的约束，很大程度上避免某些官员为实现晋升目标，一味追求眼下短暂的经济效益而造成对资源的不合理配置，降低

对高端制造企业创新绩效的抑制作用。此结果验证了假设H3b。

表8-1 Tobit模型回归结果

变量	(1)	(2)	(3)	(4)	(5)
Engineer	0.219***			−0.562***	
	(0.000)			(0.000)	
Skill		−0.566***			1.044***
		(0.000)			(0.000)
Law			0.167***	0.182***	0.180***
			(0.000)	(0.000)	(0.000)
Engineer×*Law*				0.0927***	
				(0.000)	
Skill×*Law*					−0.239***
					(0.000)
ln*Size*	0.545***	0.540***	0.503***	0.549***	0.546***
	(0.000)	(0.000)	(0.000)	(0.000)	(0.000)
Age	0.0210***	0.0212***	0.0190***	0.0212***	0.0214***
	(0.000)	(0.000)	(0.000)	(0.000)	(0.000)
ln*Wage*	0.158***	0.162***	0.116***	0.127***	0.136***
	(0.000)	(0.000)	(0.000)	(0.000)	(0.000)
Subsidy	0.0526***	0.0530***	0.0513***	0.0498***	0.0495***
	(0.000)	(0.000)	(0.000)	(0.000)	(0.000)
Lp	−0.00474	−0.00461	0.0160**	0.0147*	0.0158**
	(0.572)	(0.582)	(0.027)	(0.066)	(0.048)
Compe	−0.0728***	−0.0675***	−0.123***	−0.128***	−0.127***
	(0.000)	(0.000)	(0.000)	(0.000)	(0.000)

续表

变量	（1）	（2）	（3）	（4）	（5）
Export	0.497***	0.497***	0.497***	0.497***	0.497***
	（0.000）	（0.000）	（0.000）	（0.000）	（0.000）
Stru	−0.0221***	−0.0224***	−0.0219***	−0.0240***	−0.0245***
	（0.000）	（0.000）	（0.000）	（0.000）	（0.000）
ln*Market*	0.0725***	0.0680***	0.00994	0.0135	0.0184**
	（0.000）	（0.000）	（0.211）	（0.137）	（0.042）
时间变量	控制	控制	控制	控制	控制
地区变量	控制	控制	控制	控制	控制
常数项	−8.517***	−8.434***	−6.625***	−7.109***	−7.191***
	（0.000）	（0.000）	（0.000）	（0.000）	（0.000）
Pseudo R^2	0.4985	0.4989	0.5047	0.5001	0.5008
样本容量	390475	390597	437630	390475	390597

注：***、**、*分别表示在1%、5%、10%水平上显著，括号内为p值。

8.3.2 影响效果评估分析：基于分样本细化分析

表8-2报告了按企业所有制分析法治环境对官员特征与高端制造业企业创新绩效调节作用的回归结果。由表8-2的第（1）列和第（3）列结果可知，无论对于国有企业还是非国有企业，交叉项*Engineer*×*Law*的估计系数均显著为正，但国有企业样本的回归系数相对更小，即相比于非国有企业而言，法治环境对国有企业创新绩效的正向调节作用更小。对此可能的解释是，相对于非国有企业，国有企业由于受到国家政策支持，企业融资稳定，竞争意识相对较弱，故企业进行创新的意愿不高。上述结论相应地验证了假说H1a，说明回归结果十分可靠。

由表7-2的第（2）列和第（4）列结果可知，无论对于国有企业还是非国有企业，交叉项*Skill*×*Law*的估计系数均显著为负，但国有企业样本的回归系数相对更小，即相比于非国有企业而言，法治环境对国有企业创新绩效的负向调节作用更小。对此可能的解释是，相对于非国有企业，在法治环境较差的地区，具有政府大力支持的国有企业，其生存条件相较于非国有企业更加简单，受到法治环境的负向调节作用较弱。上述结论相应地也支持前文的假说H1b，说明回归结果十分稳健可靠。

表8-2　分样本分析回归结果

变量	（1）	（2）	（3）	（4）
	国有企业		非国有企业	
Engineer	−0.148***		−0.703***	
	（0.000）		（0.000）	
Skill		0.405***		0.930***
		（0.000）		（0.000）
Law	0.0540***	0.0552***	0.182***	0.175***
	（0.000）	（0.000）	（0.000）	（0.000）
Engineer×*Law*	0.0256***		0.116***	
	（0.000）		（0.000）	
Skill×*Law*		−0.0756***		−0.237***
		（0.000）		（0.000）
ln*Size*	0.0997***	0.101***	0.576***	0.569***
	（0.000）	（0.000）	（0.000）	（0.000）
Age	0.00764***	0.00777***	0.0215***	0.0218***
	（0.000）	（0.000）	（0.000）	（0.000）
ln*Wage*	−0.0476***	−0.0429***	0.477***	0.482***

续表

变量	（1）	（2）	（3）	（4）
	国有企业		非国有企业	
	（0.000）	（0.000）	（0.000）	（0.000）
Subsidy	0.00828*	0.00798*	0.0758***	0.0761***
	（0.068）	（0.078）	（0.000）	（0.000）
Lp	0.00575**	0.00580**	0.00329	0.00479
	（0.011）	（0.011）	（0.815）	（0.731）
Compe	−0.0504***	−0.0513***	−0.120***	−0.116***
	（0.000）	（0.000）	（0.000）	（0.000）
Export	0.407***	0.406***	0.497***	0.497***
	（0.000）	（0.000）	（0.000）	（0.000）
Stru	−0.0115***	−0.0118***	−0.0212***	−0.0214***
	（0.000）	（0.000）	（0.000）	（0.000）
ln*Market*	0.0114***	0.0135***	−0.0257**	−0.0208*
	（0.006）	（0.001）	（0.028）	（0.073）
时间变量	控制	控制	控制	控制
地区变量	控制	控制	控制	控制
常数项	−1.243***	−1.288***	−7.946***	−8.025***
	（0.000）	（0.000）	（0.000）	（0.000）
Pseudo R^2	0.3398	0.3423	0.4893	0.4899
样本容量	151217	151215	239258	239382

注：***、**、*分别表示在1%、5%、10%水平上显著，括号内为P值。

8.4 影响效果评估的稳健性分析

为检验前面回归结果的稳健性，利用陶爱萍等（2017）[67]的衡量方法，即新产品产值与工业总产值的比值作为企业创新绩效的代理变量再次进行 Tobit 模型回归，结果如表8-3所示，第（1）列至第（5）列各主要解释变量的回归结果与前文基本吻合，较好地验证结论的稳健与可靠。

表8-3 稳健性检验回归结果

变量	（1）	（2）	（3）	（4）	（5）
Engineer	0.270***			−0.688***	
	（0.000）			（0.000）	
Skill		−0.761***			1.552***
		（0.000）			（0.000）
Law			0.256***	0.272***	0.269***
			（0.000）	（0.000）	（0.000）
Engineer×*Law*				0.110***	
				（0.000）	
Skill×*Law*					−0.344***
					（0.000）
ln*Size*	0.662***	0.655***	0.615***	0.667***	0.663***
	（0.000）	（0.000）	（0.000）	（0.000）	（0.000）
Age	0.0366***	0.0369***	0.0355***	0.0369***	0.0373***
	（0.000）	（0.000）	（0.000）	（0.000）	（0.000）
ln*Wage*	0.156***	0.160***	0.0807***	0.108***	0.118***

续表

变量	（1）	（2）	（3）	（4）	（5）
	（0.000）	（0.000）	（0.000）	（0.000）	（0.000）
Subsidy	0.0842***	0.0849***	0.0835***	0.0797***	0.0793***
	（0.000）	（0.000）	（0.000）	（0.000）	（0.000）
Lp	−0.0394***	−0.0392***	−0.00483	−0.00709	−0.00555
	（0.002）	（0.002）	（0.668）	（0.557）	（0.644）
Compe	−0.131***	−0.124***	−0.214***	−0.216***	−0.214***
	（0.000）	（0.000）	（0.000）	（0.000）	（0.000）
Export	0.00208***	0.00209***	0.00234***	0.00209***	0.00210***
	（0.000）	（0.000）	（0.000）	（0.000）	（0.000）
Stru	−0.0284***	−0.0287***	−0.0291***	−0.0313***	−0.0317***
	（0.000）	（0.000）	（0.000）	（0.000）	（0.000）
ln*Market*	0.137***	0.130***	0.0493***	0.0509***	0.0564***
	（0.000）	（0.000）	（0.000）	（0.000）	（0.000）
时间变量	控制	控制	控制	控制	控制
地区变量	控制	控制	控制	控制	控制
常数项	−11.99***	−11.88***	−9.484***	−9.919***	−10.02***
	（0.000）	（0.000）	（0.000）	（0.000）	（0.000）
Pseudo R^2	0.1385	0.1389	0.1420	0.1412	0.1421
样本容量	390259	390381	437381	390259	390381

注：***、**、*分别表示在1%、5%、10%水平上显著，括号内为p值。

8.5 影响效果评估的深入拓展分析

为进一步探讨前面结论在普通制造业企业与高端制造业企业间是否存在差异，在式（8-1）的基础上，加入制造业二元虚拟变量H（高端制造业取值为1，普通制造业取值为0）以及相应的多重交叉项①，得到如下模型：

$$\begin{aligned}Innov_{ijt}=&\alpha_0+\alpha_1Personal_{it}+\alpha_2Law_{it\text{-}2}+\alpha_3H+\alpha_4Personal_{it}\times Law_{it\text{-}2}+\alpha_5Personal_{it}\times H\\&+\alpha_6Law_{it\text{-}2}\times H+\alpha_7Personal_{it}\times Law_{it\text{-}2}\times H+\alpha_8\ln Size_{ijt}+\alpha_9Age_{ijt}+\alpha_{10}\ln Wage_{ijt}\\&+\alpha_{11}Lp_{ijt}+\alpha_{12}Subsidy_{ijt}+\alpha_{13}Compe_{ijt}+\alpha_{14}Export_{ijt}+\alpha_{15}Stru_{it}+\alpha_{16}\ln Market_{it}\\&+\lambda_{year}+\lambda_{province}+\varepsilon_{ijt}\end{aligned}\tag{8-2}$$

在式（8-2）中，H表示制造业虚拟变量；$Personal\times H$表示官员特征与制造业的交叉项，即分别为$Engineer\times H$、$Skill\times H$；$Law\times H$表示法治环境与制造业的交叉项；$Personal\times Law\times H$表示官员特征、法治环境与制造业的三重交叉项，即分别为$Engineer\times Law\times H$、$Skill\times Law\times H$。其他变量选取与上文相同。

表8-4报告了使用Tobit模型分析官员特征、法治环境对制造业企业创新绩效影响的回归结果。其中，表8-4第（1）列交叉项$Engineer\times H$的估计系数在1%水平下显著为正，即具有工程师背景的官员对高端制造业企业创新绩效的促进作用高于普通制造业。对此可能的解释是，具有工程师背景的官员倾向选择提升当地企业竞争力的有价值的高端科技项目，同时结合合理政策规划，进而带动当地企业技术竞争实力的提升，提高当地企业的创新绩效，有利于当地经济长期稳定发展。第（2）列交叉项$Skill\times H$的估计系数在1%水平下显著为负，即具有经济师背景的官员对高端制造业企业创新绩效的抑制作

① 为了避免变量间存在的多重共线性问题影响结果的有效性，对主要变量进行中心化处理。

用低于普通制造业。对此可能的解释是，具有经济师背景的有些官员熟知高端制造业企业具有投资风险高，收益周期长，在晋升锦标赛的推动下，更偏向于选择经济收益稳定的普通制造业来促进当地发展。第（3）列交叉项 $Law \times H$ 的估计系数显著为负，即法治环境对高端制造业企业创新绩效的促进作用低于普通制造业。对此可能的解释是，法治环境中的知识产权具有时效性，政府为了整体行业技术的提升发展，重新合理制定法律制度，有助于新知识、新技术的传播，打破高端制造业企业对知识技术的垄断，普通制造业企业技术创新水平逐渐提升，从而有利于企业创新收益良好发展。

另外，表8-4第（4）列三重交叉项 $Engineer \times Law \times H$ 的估计系数为正，且在1%水平下显著，即在法律制度越完善的地区，官员具有工程师背景对高端制造业企业创新绩效关系的促进作用相对更强。对此可能的解释是，在法治比较完善的地区，具有工程师背景的官员倾向选择有利于当地经济长期发展的企业，即竞争力强的高端制造业企业，官员通过相关政策与知识产权相结合，维护当地企业的创新成果，合理规划当地企业布局，提升当地企业的技术竞争实力，进而提高整体企业的创新绩效。第（5）列三重交叉项 $Skill \times Law \times H$ 的估计系数在1%水平下负向显著，即法治环境负向调节具有经济师背景的官员与高端制造业企业创新绩效的关系。对此可能的解释是，具有经济师背景的官员深知高端制造业企业投资高，收益周期长，因而不敢轻易尝试选择此类企业。在良好的法治环境下，法治环境能够相对约束官员为实现其晋升目标，一味追求眼下短暂的经济效益而造成对资源的不合理配置，进而降低了其对高端制造业企业创新绩效的抑制作用。

表8-4 Tobit模型回归结果

变量	（1）	（2）	（3）	（4）	（5）
Engineer	−0.108***			−0.208***	
	（0.000）			（0.000）	
Skill		−0.276***			−0.414***
		（0.000）			（0.000）
Law			0.247***	0.260***	0.257***
			（0.000）	（0.000）	（0.000）
H	0.801***	0.803***	0.747***	0.789***	0.794***
	（0.000）	（0.000）	（0.000）	（0.000）	（0.000）
Engineer×*H*	0.230***			0.187***	
	（0.000）			（0.000）	
Skill×*H*		−0.186***			−0.140***
		（0.000）			（0.004）
Law×*H*			−0.0566***	−0.0594***	−0.0564***
			（0.000）	（0.000）	（0.000）
Engineer×*Law*				0.0736***	
				（0.000）	
Skill×*Law*					−0.147***
					（0.000）
Engineer×*Law*×*H*				0.0480***	
				（0.000）	
Skill×*Law*×*H*					−0.0666***
					（0.000）
ln*Size*	0.327***	0.324***	0.294***	0.327***	0.324***

续表

变量	（1）	（2）	（3）	（4）	（5）
	（0.000）	（0.000）	（0.000）	（0.000）	（0.000）
Age	−0.00472***	−0.00468***	−0.00348***	−0.00136***	−0.00128***
	（0.000）	（0.000）	（0.000）	（0.002）	（0.004）
ln*Wage*	−0.0647***	−0.0635***	−0.122***	−0.147***	−0.143***
	（0.000）	（0.000）	（0.000）	（0.000）	（0.000）
Subsidy	0.0752***	0.0772***	0.0725***	0.0759***	0.0771***
	（0.000）	（0.000）	（0.000）	（0.000）	（0.000）
Lp	0.0471***	0.0471***	0.0757***	0.0707***	0.0718***
	（0.000）	（0.000）	（0.000）	（0.000）	（0.000）
Compe	0.0646***	0.0641***	−0.0152***	−0.00686**	−0.00977***
	（0.000）	（0.000）	（0.000）	（0.046）	（0.004）
Export	0.497***	0.497***	0.497***	0.497***	0.497***
	（0.000）	（0.000）	（0.000）	（0.000）	（0.000）
Stru	−0.00810***	−0.00750***	0.00287***	−0.00690***	−0.00580***
	（0.000）	（0.000）	（0.000）	（0.000）	（0.000）
ln*Market*	0.0563***	0.0497***	−0.0399***	−0.0590***	−0.0614***
	（0.000）	（0.000）	（0.000）	（0.000）	（0.000）
时间变量	控制	控制	控制	控制	控制
地区变量	控制	控制	控制	控制	控制
常数项	−5.197***	−5.098***	−3.158***	−2.978***	−2.948***
	（0.000）	（0.000）	（0.000）	（0.000）	（0.000）
Pseudo R^2	0.4326	0.4329	0.4359	0.4366	0.4369
样本容量	1894360	1894156	2204360	1894360	1894156

注：***、**、*分别表示在1%、5%、10%水平上显著，括号内为p值。

8.6 官员特征和法治环境影响评估分析的主要结论与政策建议

8.6.1 官员特征和法治环境影响评估分析的主要结论

本章利用《中国工业企业数据库》《中国城市统计年鉴》和“市委书记官员特征”“中国地区法治环境指数”数据进行匹配，利用Tobit模型评估方法，研究影响因素官员特征、法治环境与高端制造业企业创新绩效间的关系，以及考察法治环境对官员特征与高端制造业企业创新绩效关系的调节作用，得出以下量化结论：①具有工程师背景的政府官员能够显著促进高端制造业企业创新绩效，但具有经济背景的官员却对高端制造业企业创新绩效具有抑制作用。②法治环境的改善能够促进高端制造业企业创新绩效的提升。③官员特征与高端制造业企业创新绩效间的关系受法治环境的影响。法治环境正向调节具有工程师背景的官员与高端制造业企业创新绩效之间的关系，而负向调节具有经济师背景的官员与高端制造业企业创新绩效之间的关系。此外，本章进一步研究发现，上述作用效果在高端制造业与普通制造业企业间存在明显的差异。

8.6.2 官员特征和法治环境影响评估分析的政策建议

基于上述研究结论，本章谨慎提出以下政策建议：①根据前文研究得出具有工程师背景的官员对中国高端制造业企业创新绩效的提高具有促进作用，官员具有工程师背景能够甄别有价值的高端科技项目，结合国家创新政策，开展创新活动，从而很好地促进当地企业技术提升。②具有经济师背景的官员之所以对高端制造业企业的创新绩效具有抑制作用，归根结底在于中国以GDP作为政府官员政绩考核的主要指标，因此，中国亟须转变政绩考核机制，均衡当前经济效益同长远经济效益之间的关系，避免政府官员一味追求眼下GDP的增长，而忽视对高端制造业创新发展的支持。③知识产权保护作为影响高端制造业企业创新绩效的重要制度因素之一，当前中国正处于经济转型的关键阶段，且制度体系建设尚不完善，因此，政府部门应加快推动知识产权保护法的修订完善、加大知识产权保护的执法力度，进而为高端制造业企业开展创新活动提供坚实的制度环境屏障。

8.7 官员特征和法治环境影响评估分析小结

本章基于2000—2010年中国工业企业层面数据，运用Tobit模型实证方法进行量化分析，研究官员特征、法治环境对高端制造业企业创新绩效的影响机制，以及考察法治环境对上述过程的调节作用机制。在稳健性检验分析时采用更换代理变量方法进行量化分析，此外，进一步讨论上述作用效果在高端制造业与普通制造业间的差异性表现。

第9章

高端制造业企业创新绩效影响因素效能的量化比较

9.1 影响因素效能比较的方法：规范化方法

目前数据标准化是将数据按比例缩放，使之落入一个小的特定区间。在某些比较和评价的指标处理中经常会用到，去除数据的单位限制，将其转化为无量纲的纯数值，便于不同单位或量级的指标能够进行比较和加权。本研究使用规范化方法，也即是离差标准化。具体内容如下：

对序列 $x_1,x_2,\ldots,x_n$ 进行变换：

$$y_i=\frac{x_i-\min\limits_{1\leqslant j\leqslant n}\left\{x_j\right\}}{\max\limits_{1\leqslant j\leqslant n}\left\{x_j\right\}-\min\limits_{1\leqslant j\leqslant n}\left\{x_j\right\}} \tag{9-1}$$

则新序列 $y_1,y_2,\ldots,y_n$ 的均值为0，而方差为1，且无量纲。一般的数据需要时都可以考虑先进行规范化处理，也即是对原始数据的线性变换，使结果映射到[0，1]区间。

9.2 高端制造业企业创新绩效影响因素效能的量化比较

9.2.1 基于影响因素：集聚经济与法治环境的量化比较分析

基于第6章模型构建，构建如下模型进行回归分析：

$$Innov_{ijt} = \alpha_1 Mar_{ijt} + \alpha_2 Jacobs_{ijt} + \alpha_3 Law_{ijt-2} + C_{ijt} \quad (9-2)$$

在式（9–2）中，i、j、t分别代表城市、行业、年份。*Innov*为被解释变量，代表企业创新绩效；*Mar*代表专业化集聚经济；*Jacobs*代表多样化集聚经济；*Law*代表法治环境[①]；C_{ijt}表示其他控制变量的选取与第6章相同。

表9–1展示了在使用规范化方法的背景下，将集聚经济、法治环境进行规范化处理，进而可以进行量化效能比较分析。从表9–1中模型（1）至（3）可以发现，专业化集聚经济、多样化集聚经济、法治环境均显著促进高端制造业企业创新绩效的提升。但专业化集聚经济的系数明显高于多样化集聚经济的系数，说明专业化集聚经济对于高端制造业企业创新绩效的促进作用略高于多样化集聚经济。因此，中国政府在产业具体部署时，需结合当地产业自身特点与引进来的企业自身特点，有针对性地实施产业部署规划。从表9–1中模型（1）至（3）可以发现，两类集聚经济对于高端制造业企业创新绩效的促进作用略低于法治环境。因此，可以说明中国政府在产业政策部署时，不仅结合产业自身特点，还根据政府统筹规划下，制定良好的相关政策，促进中国高端制造业企业快速创新，提升自身的创新实践能力。

---

① 由于各影响因素指标的性质不同，通常具有不同的量纲和数量级，无法直接进行比较，本文通过规范化方法将各影响因素放置同一量级下，从而进行对各影响因素效能间的量化比较分析。仅展示影响因素变量的具体情况，下表同。

表9–1　集聚经济与法治环境的量化效能分析

模型	（1）	（2）	（3）
MAR	0.0839***		
	（0.000）		
Jacobs		0.0198***	
		（0.000）	
Law			1.065***
			（0.000）

注：***、**、*分别表示在1%、5%、10%水平上显著，括号内为p值。

9.2.2　基于影响因素：人力资本与法治环境的量化比较分析

基于第 7 章模型构建，构建如下模型进行回归分析：

$$Innov_{ijt} = \alpha_1 HR_{ijt} + \alpha_2 Law_{ijt-2} + C_{ijt} \qquad (9-3)$$

在式（9–3）中，*i*、*j*、*t* 分别代表城市、行业、年份。*Innov* 为被解释变量，代表企业创新绩效；*HR* 表示人力资本；*Law* 表示法治环境；*Cijt* 表示其他控制变量的选取与第 7 章相同。

表 9–2 展示了在使用规范化方法的背景下，将人力资本、法治环境进行规范化处理，进而可以进行量化效能比较分析。从表 9–2 中模型（1）和（2）可以发现，人力资本、法治环境均显著促进高端制造业企业创新绩效的提升，但法治环境的系数明显高于人力资本的系数，说明法治环境对于高端制造业企业创新绩效的促进作用略高于人力资本。因此，中国政府在产业具体部署时，不仅要结合当地产业自身特点与引进来的企业自身特点，更需要注重对当地科技人才的培育，同时加大高端人才引进政策的实施，营造良好的法治环境，只有真正地

发挥科技人才的作用，各企业才会有意愿持续创新，进而提升企业自身的竞争实力。

表9-2 人力资本与法治环境的量化效能分析

模型	（1）	（2）
HR	0.469***	
	（0.000）	
Law		0.538***
		（0.000）

注：***、**、*分别表示在1%、5%、10%水平上显著，括号内为p值。

9.2.3 基于影响因素：官员特征与法治环境的量化比较分析

基于第8章模型构建，构建如下模型进行回归分析：

$$Innov_{ijt}=\alpha_1 Engineer_{ijt}+\alpha_2 Skill_{ijt}+\alpha_3 Law_{ijt-2}+C_{ijt} \quad (9-4)$$

在式（9-4）中，i、j、t分别代表城市、行业、年份。*Innov*为被解释变量，代表企业创新绩效；*Engineer*表示具有工程师背景的官员；*Skill*表示具有经济师背景的官员；*Law*表示法治环境；C_{ijt}表示其他控制变量的选取与第8章相同。

表9-3展示了在使用规范化方法的背景下，将官员特征、法治环境进行规范化处理，进而可以进行量化效能比较分析。从表9-3中模型（1）至（3）可以发现，具有工程师背景的官员与法治环境均显著促进高端制造业企业创新绩效的提升，但具有工程师背景的官员对于高端制造业企业创新绩效的促进作用略低于法治环境。因此，再次说明中国政府制定的相关法律制度，显著促进了高端制造业企业的创新实力。但结合现实背景，各地区创新情况不同，当地政府仍需持续不

断完善地区法治环境，发挥更大的作用。此外，具有经济师背景的官员却具有抑制作用。结合中国政府官员“锦标赛”选拔背景下，具有经济师背景的官员更清楚选择高端制造业企业成长初期相对缓慢，风险较大，进而不利于其职位晋升，所以不会轻易选择高端制造业的相关引进与政策大力支持。因此，从官员职位晋升选拔来看，政府不应该太过于看重官员对于任职地区的经济增长做出的贡献，而应该考虑官员任职后地区整体人文氛围的变化及是否提升了地区潜在的竞争软实力，需设置更加合理的综合性选拔制度，才能更加有效地提升地区企业的创新竞争力。

表9-3 官员特征与法治环境的量化效能分析

模型	（1）	（2）	（3）
Engineer	0.0536***		
	（0.000）		
Skill		−0.116***	
		（0.000）	
Law			0.598***
			（0.000）

注：***、**、*分别表示在1%、5%、10%水平上显著，括号内为p值。

9.3 本章小结

本章主要利用规范化方法，对高端制造业企业创新绩效的几类影响因素进行量化处理，使得集聚经济、法治环境、人力资本、官员特征在同一量纲下，进行量化效能比较，通过评估结果可以发现，法治环境与人力资本作用效果相对于集聚经济、官员特征略好，侧面说明中国政府为了提升本国自身的创新竞争力营造了良好的法律制度环境，但仍需持续不断完善及不断提升区域人力资本水平，加大教育人力资本投入。而集聚经济与官员特征对于高端制造业企业创新的影响，则需要具体问题具体分析，结合自身特点，有针对性地进行地区产业部署，最大限度地发挥区域比较优势，促进创新发展。

第10章

高端制造业企业创新绩效影响因素评估分析的主要结论与政策建议

10.1 高端制造业企业创新绩效影响因素评估分析的主要结论

本研究从高端制造业企业创新绩效的四个影响因素角度（集聚经济、人力资本、官员特征、法治环境）出发，探究了对集聚经济、人力资本、官员特征、法治环境对高端制造业企业创新绩效的影响，以及系统梳理其中的理论作用机制，同时采用多种数理统计与计量经济方法进行实证量化研究，包括OLS模型、固定效应模型、Tobit模型、GMM模型、IV Tobit模型、Logit模型实证评估方法，相应地解决模型中可能存在的遗漏变量、归并数据问题、内生性问题等，得出如下结论：

第一，不同类型的集聚经济（专业化集聚经济和多样化集聚经济）在不同程度上对高端制造业企业创新绩效产生显著的促进作用，且能够通过知识溢出、劳动力共享等渠道提高高端制造业企业创新绩效。

第二，人力资本水平的提高将增强地区人才的储备量，进而便捷企业寻求高质量人才，对高端制造业企业创新绩效产生显著的促进作用。

第三，官员特征（具有工程师背景或经济师背景）对高端制造业企业创新绩效的提升具有异质性作用效果，即具有工程师背景的官员对高端制造业企业创新绩效的影响具有显著的促进作用，而具有经济师背景的官员对高端制造业企业创新绩效的影响具有显著的抑制作用。

第四，地区法治环境的完善显著促进高端制造业企业创新绩效的提升，即随着地区法治环境的不断改善，其通过降低信息不对称、提高契约执行效率等渠道，促进企业创新绩效的提升。

第五，法治环境的调节作用主要表现：①法治环境负向调节专业化集聚经济对高端制造业企业创新绩效的促进作用，而正向调节多样化集聚经济对高端制造业企业创新绩效的促进作用；②法治环境正向调节人力资本对高端制造业企业创新绩效的促进作用；③法治环境正向调节具有工程师背景的官员对高端制造业企业创新绩效的促进作用；而负向调节具有经济师背景的官员对高端制造业企业创新绩效的促进作用。

第六，进一步将制造业分为高端制造业与普通制造业，研究发现上述作用效果在两种制造业分类下存在较为明显的差异。

第七，各种因素影响效能存在差异：法治环境与人力资本对高端制造业企业创新绩效的提升作用效果相对于集聚经济、官员特征略好。

10.2 高端制造业企业创新绩效影响因素评估分析的政策建议

第一，从整体看，专业化集聚经济与多样化集聚经济对于高端制造业企业创新绩效的影响均具有积极影响。结合中国现阶段部分地方产业集聚存在“大而不强”的现实问题，政府在制定产业规划时需结合当地高端产业的特色，及时调整当地高端产业究竟适合单一性产业集聚方式，还是专业化与多样化并存的产业集聚形式。应当宏观调控市场结构，鼓励良性的自由市场竞争，采取针对性政策为高端制造业企业在产业集聚区域内提供更多有利条件，积极鼓励高端制造业企业之间的技术转移，促进产业区内更多制造业企业进行技术研发与创新，从而摆脱对他国关键核心技术的依赖，加快中国制造业迈向全球价值链中高端环节的进程。

第二，人力资本水平的增强将促进高端制造业企业创新绩效的提升。从西方国家对中国发起的贸易战现实背景，看出中国高端科技人才储备明显不足，在高端科技领域受制于人。因此，政府必须要优化教育资源分配结构，缩小地区间教育水平差距，带动中国地区人力资本水平的不断积累，满足高端制造业对高技术专业人才的市场需求，提升科技核心竞争力，进而促进中国制造业转型升级。

第三，具有工程师背景的官员对中国高端制造业企业创新绩效的提高具有促进作用，具有工程师背景的官员能够甄别有价值的高端科技项目，结合国家创新政策规划，开展创新活动，从而很好地促进当地企业技术提升。另外，具有经济师背景的政府官员之所以对高端制造业企业创新绩效具有抑制作用，归根结底在于中国以GDP作为官员选拔政绩考核的主要指标。因此，中国或需转变选拔官员的政绩考核机制，均衡当前经济效益同长远经济效益之间的关系，避免政府官员一味追求眼下GDP的增长，而忽视对高端制造业创新发展的支持，需合理规划高端制造业与普通制造业的发展前景。

第四，良好的法治环境同样正向影响高端制造业企业创新绩效的提升。基于近期华为难以抵御美国5G禁令制裁的事件，看出中国通信等关键核心技术严重不足，亟须摆脱此种现状。因此，政府必须营造良好的科研外部环境，进而加快推进创新驱动战略的实施，加强关键核心技术攻关，改革科技成果转化机制。同时，法治环境在设计时需兼顾高端制造业和普通制造业的发展特点，构建有效的激励机制和良性竞争机制，为各类企业均衡发展提供坚实有效的保护。

第五，法治环境对于集聚经济与高端制造业企业创新绩效间的关系具有不同程度的调节作用。因此，政府需要结合当地经济发展情况，构建健全的法治环境，重点引导产业专业化与多元化的集聚，进而规划符合当地特色产业的合理布局，使得企业健康发展。现阶段，中国先进制造业主要集中在高技术人才集聚的地区，如北京中关村、深圳华强北。所以，政府在制定高端制造业产业政策时，要根据高端制造业产业集聚区域的发展阶段和产业特色，合理配置高端制造业与普通制造业之间的产业资源，构建现代智能化产业结构体系，打造具有国际先进领先水准的高端制造业产业集群。

第六，法治环境对于人力资本与高端制造业创新绩效之间的关系具有显著的正向调节作用。因此，结合人力资本相关政策，各地区政府应该实地调研，制定合理的地区法律制度，营造良好的鼓励性科研环境，使高端企业有信心愿意进行科研创新，进而提升中国的科技创新实力，加快中国创新型企业的发展建设。

第七，法治环境对于官员特征（工程师背景、经济师背景）与高端制造业之间的关系具有不同的调节作用。结合中国“晋升锦标赛”的行政体制背景，政府官员为了短时间内提升任期内的业绩，较少从长远角度出发对当地企业经济发展做出基础性的实事。因此，需要完善法律制度和严格的执法体系，调整政府官员个人政绩评价体系，有效避免官员为了追求短期经济效益而选择污染力度大、创新能力弱的普通制造业企业，放弃引进收益周期长、创新能力强的高端制造业企业。另外，还要合理调整地区对高端制造业与普通制造业的资源匹配状况，使得资源匹配程度最优化，达到更好的利用效果。

第八，各种影响因素影响效能存在差异，法治环境与人力资本对高端制造业企业创新绩效的提升作用效果相对于集聚经济、官员特征略好。因此，为了提升企业创新水平：①从制度因素来看，良好的法治环境正是集聚经济、人力资本、官员特征发挥作用的土壤，政府应营造更加优质的科研环境，协调好知识产权政策与企业创新间的关系，加快进一步提升中国在全球的科技创新竞争力。②从自然经济环境因素来看，产业在空间地理上的集聚可以带来劳动力的共享、促进技术知识的交流，但中国制造业“东高西低”发展不均衡的集聚现状尤为突出，政府需结合当地产业特色具体情况，而不是笼统地向科技产业发展，需及时调整当地产业的发展方向，形成独特的产业发展模式。③从核心因素来看，北京、上海等发达城市教育水平整体偏高，而中西部地区教育水平整体偏差，教育资源分布不均匀。高科技人才是科技创新的核心要素，政府仍需加大人力资本投入，提高地区整体教育水平和质量，才能为企业输送更多优质人才，促进当地企业提高研发创新能力。④从管理因素来看，不同年龄、工作经历等的政府官员个人特征对其认知能力、技能、态度等方面起着一定作用，进而会作用于其组织行为、战略选择（如高端制造业）产生不同的作用效果。因此，中国政府在选拔官员的政绩考核机制时，需设置更加全面合理的综合性指标，而不再是过于依赖眼下GDP的增长。官员在任职期间需结合区域自身发展的特色，促进当地传统产业与现代技术相结合，提升当地文化软实力。

参考文献

[1] 葛蕾蕾，韩依依. 国内第三方评估的现状、特点及优化路径——基于二维视角的案例研究[J]. 行政管理改革，2019（11）:77—84.

[2] 石国亮. 慈善组织公信力重塑过程中第三方评估机制研究[J]. 中国行政管理，2012（9）:64—70.

[3] 李志军. 第三方评估理论与方法[M]. 北京：中国发展出版社，2016.

[4] 赵蜀蓉，陈绍刚，王少卓. 委托代理理论及其在行政管理中的应用研究述评[J]. 中国行政管理，2014（12）:119—122.

[5]赵尔军. 利益相关者视角的国有企业业绩评价研究[D]. 中国海洋大学，2014.

[6] 樊纲，王小鲁，朱恒鹏. 中国市场化指数：各省区市场化相对进程2011年度报告[M]. 北京：经济科学出版社，2011.

[7] 黄鲁成，张二涛，杨早立. 基于MDM-SIM模型的高端制造业创新指数构建与测度[J]. 中国软科学，2016（12）: 144—153.

[8] Griliches Z. Patent statistics as economic indicators: A survey[J]. Journal of Economic Literature，1990（27）: 1661—1707.

[9] Rosenthal S S，Strange W C. Evidence on the nature and sources of agglomeration economics[J]. Handbook of Regional and Urban Economic，2006，4: 2119—2171.

[10] Marshll A. Principles of Economics: An Introuctory[M]. London: Macmillan，1890.

[11] Arrow K J. The economic implication of learning by doing[J]. Review of Economic Studies，1962(3): 155—173.

[12] Romer P M. Increasing returns and long-run growth[J]. Journal of Political Economy，1986(5): 1002—1037.

[13] Jacobs J. Economy of cities[M]. New York: Random House，1969.

[14] 薛阳，胡丽娜. 制度环境、政府补助和制造业企业创新积极性：激励效应与异质性分析[J]. 经济经纬，2020，37(6): 88—96.

[15] 靳小翠. 企业社会责任会影响社会资本吗？——基于市场竞争和法律制度的调节作用研究[J]. 中国软科学，2018(2): 129—139.

[16] 邵琳. 人力资本对中国经济增长的影响研究[D]. 长春：吉林大学，2014.

[17] Hambrick D C，Mason P A . Upper echelons: the organization as a reflecton of its top managers[J]. Academy of Management Review，1984，9(2): 193—206.

[18] Henderson，Vernon. Marshal's scale economies[J]. Journal of Urban Economics，2003(53): 1—28.

[19] Ejermo O. Technological diversity and Jacobs' externality hypothesis revisited[J]. Growth and Change，2005(36): 167—195.

[20] Liang J，Goetz S J. Technology intensity and agglomeration economies[J]. Research Policy，2018，47(10): 1990—1995.

[21] 张明倩，赵彦云. 产业集聚对创新活动空间差异的影响——基于中国制造业数据的实证研究[J]. 统计与信息论坛，2008(3): 43—47.

[22] 赖永剑. 集聚、空间动态外部性与企业创新绩效——基于中国制造业企业面板数据[J]. 产业经济研究，2012(2)：9—17.

[23]胡安军，郭爱君，钟方雷，王祥兵. 高新技术产业集聚能够提高地区绿色经济效率吗？[J]. 中国人口·资源与环境，2018(9)：93—101.

[24]程中华，刘军. 产业集聚、空间溢出与制造业创新——基于中国城市数据的空间计量分析[J]. 山西财经大学学报，2015(4)：34—44.

[25] 梁琦，周杰，王如玉. 产业空间组织对高端制造业企业绩效的影响——以电子元器件行业为例[J]. 中山大学学报（社会科学版），2017(5)：181—191.

[26] Filip D B，Beveren I V. Does firm agglomeration drive product innovation and renewal？ An application for Belgium[J]. Tijdschrift Voor Economische en Sociale Geografie，2012(4)：457—472.

[27] 沈能，赵增耀. 集聚动态外部性与企业创新能力[J]. 科研管理，2014，35(4)：1—9.

[28] 方颖，赵扬. 寻找制度的工具变量：估计产权保护对中国经济增长的贡献[J]. 经济研究，2011，46(5)：138—148.

[29] Schneider P. International trade，economic growth and intellectual property rights: A panel data study of developed and developing countries[J]. Journal of Development Economics，2005(2)：529—547.

[30] 余林徽，陆毅，路江涌. 解构经济制度对我国企业生产率的影响[J]. 经济学（季刊），2014，13(1)：127—150.

[31] 关成华，袁祥飞，于晓龙. 创新驱动、知识产权保护与区域经济发展——基于2007—2015年省级数据的门限面板回归[J]. 宏观经济研究，2018(10)：86—92.

[32] 韩美妮，王福胜. 法治环境、财务信息与创新绩效 [J]. 南开管理评论，2016，19(5): 28—40.

[33] 杨进，张攀. 地区法治环境与企业绩效——基于中国营商环境调查数据的实证研究 [J]. 山西财经大学学报，2018，40(9): 1—17.

[34] 张美莎，徐浩，冯涛. 营商环境、关系型借贷与中小企业技术创新 [J]. 山西财经大学学报，2019，41(2): 35—49.

[35] 王伟光，马胜利，姜博. 高技术产业创新驱动中低技术产业增长的影响因素研究 [J]. 中国工业经济，2015(3): 70—82.

[36] Dearorff A V. Welfare effects of global patent protection[J]. Economica，1992，59.

[37] 余长林，王瑞芳. 发展中国家的知识产权保护与技术创新：只是线性关系吗？ [J]. 当代经济科学，2009，31(3): 92—100，127.

[38] 刘思明，侯鹏，赵彦云. 知识产权保护与中国工业创新能力——来自省级大中型工业企业面板数据的实证研究 [J]. 数量经济技术经济研究，2015，32(3): 40—57.

[39] Schultz T W. Investment in human capital[J]. American Economic Review，1961(51): 1—17.

[40] Romer P M. Endogenous technological change[J]. Journal of Political Economy，1990，98(5): S71—S102.

[41] Grossman G M，Helpman E. Innovation and growth in the global gconomy[M]. MIT Press，Cambridge，MA，1991.

[42] 杨建芳，龚六堂，张庆华. 人力资本形成及其对经济增长的影响——一个包含教育和健康投入的内生增长模型及其检验 [J]. 管理世界，2006(5): 10—18，34，171.

[43] 刘林平，张春泥. 农民工工资：人力资本、社会资本、企业制度还是社会环境？——珠江三角洲农民工工资的决定模型[J]. 社会学研究，2007(6)：114—137，244.

[44] 朱焱，张孟昌. 企业管理团队人力资本、研发投入与企业绩效的实证研究[J]. 会计研究，2013(11)：45—52，96.

[45] Che Y，Zhang L. Human capital，technology adoption and firm performance: Impacts of China' s higher education expansion in the late 1990s[J]. The Economic Journal，2018，128(614)：2282—2320.

[46] 曹亚军，毛其淋. 人力资本如何影响了中国制造业企业成本加成率？——来自中国“大学扩招”的证据[J]. 财经研究，2019，45(12)：138—150.

[47] Kuo C，Yang C. Knowledge capital and spillover on regional economic growth: Evidence from China[J]. China Economic Review，2008，19: 594—604.

[48] Yen Y F. The impact of bank' s human capital on organzational performance: How innovation influences performance[J]. Innovation: Management，Policy & Practice，2014，15(1)：112—128.

[49] 钱晓烨，迟巍，黎波. 人力资本对中国区域创新及经济增长的影响——基于空间计量的实证研究[J]. 数量经济技术经济研究，2010，27(4)：107—121.

[50] 张春红. 人力资本、研发投入对区域创新能力的影响[J]. 统计与决策，2019，35(18)：181—184.

[51] 张宽，黄凌云. 贸易开放、人力资本与自主创新能力[J]. 财贸经济，2019，12(40)：112—127.

[52] 张涵，杨晓昕. 异质性人力资本、空间溢出与高技术产业创新[J]. 科技进步与对策，2019，36(22): 51—59.

[53] 胡凤玲，张敏. 人力资本异质性与企业创新绩效——调节效应与中介效应分析[J]. 财贸研究，2014(6): 121—128.

[54] 李永周，谭蓉，袁波. 异质性人力资本的国家高新区创新嵌入开发研究[J]. 科技进步与对策，2015(24): 143—148.

[55] Tyler B B，Steensma H K. The effects of exectives' experiences and perceptions on their assessment of potential technological alliances[J]. Strategic Management Journal，1998，19: 939—965.

[56] 高素英，赵曙明，田立法. 人力资本、创新战略与企业绩效关系研究——基于中国上市公司的经验证据[J]. 山西财经大学学报，2011，33(8): 76—83.

[57] Hayton J C. Comperting in the new economy: The effect of intellectual capital on corporate entrepreneuial orientaion[J]. R&D Managemet，2008，38(3): 265—277.

[58]朱承亮，师萍，岳宏志. FDI、人力资本及其解构与研发创新效率[J]. 科学学与科学技术管理，2011，32(9): 37—42.

[59] 裴政，罗守贵. 人力资本要素与企业创新绩效——基于上海科技企业的实证研究[J].研究与发展管理，2020(4): 136—148.

[60] 吴淑娥，黄振雷，仲伟周. 人力资本一定会促进创新吗——基于不同人力资本类型的经验证据[J]. 山西财经大学学报，2013，35(9): 22—30.

[61] 赵爽，肖洪钧. 人力资本与企业创新绩效的关系研究——基于网络视角[J]. 现代管理科学，2015(2): 97—99.

[62] 肖建华，熊娟娟. 财政引导创新资源配置效率及其影响因素——来

自18个高新区与新区的经验分析[J]. 财经理论与实践，2018(3): 105—111.

[63] 戴静，王红建. 政治周期驱动下的企业研发投入研究[J]. 当代财经，2017(4): 14—24.

[64] 顾元媛，沈坤荣. 地方官员创新精神与地区创新——基于长三角珠三角地级市的经验证据[J]. 金融研究，2012(11): 89—102.

[65] Tobin J. Estimation of relationships for limited dependent variables[J]. Economerica，1958，26: 24—36.

[66] 蔡翼飞，魏后凯，吴利学. 我国城市高端制造业综合成本测算及敏感度分析[J]. 中国工业经济，2010(1): 34—44.

[67] 李金华. 中国高端制造行业景气状态的多维测度[J]. 学术研究，2019(1): 96—105，178.

[68] 高丽娜，卫平. 中国高端制造业空间结构变动的实证研究: 2003~2009[J]. 工业技术经济，2012，31(1): 84—91.

[69] 毛中根，武优勐. 中国西部地区制造业分布格局、形成动因及发展路径[J]. 数量经济技术经济研究，2019(3): 3—19.

[70] Saxenian A L. Inside-out: Regional networks: Industrial adaptation in Silicon Valley and Route 128[J]. Cityscape，1996(2): 41—60.

[71] 苏依依，周长辉. 企业创新的集群驱动[J]. 管理世界，2008(3): 94—104.

[72] 陶爱萍，查发强，陈宝兰. 产业集聚对技术创新的非线性影响[J]. 技术经济，2017(5): 82—89.

[73] 陈劲，梁靓，吴航. 开放式创新背景下产业集聚与创新绩效关系研究——以中国高技术产业为例[J]. 科学学研究，2013(4): 623—629.

[74] 曲晨瑶，李廉水，程中华. 高技术产业聚集对技术创新效率的影

响及区域差异[J]. 科技管理研究，2017(11): 98—104.

[75] 傅十和，洪俊杰. 企业规模、城市规模与集聚经济——对中国制造业企业普查数据的实证分析[J]. 经济研究，2008(11): 112—125.

[76] 倪进峰，李华. 产业集聚、人力资本与区域创新——基于异质产业集聚与协同集聚视角的实证研究[J]. 经济问题探索，2017(12): 156—162.

[77] 姚树荣. 创新型人力资本、制度与企业绩效[J]. 当代财经，2001(2): 3—7，80.

[78] Marta，Manuel，Joshua. The economic value of the R&D intangible asset[J]. European Accounting Review，2003，12: 605—633.

[79] 刘志强. 地区法治环境对企业出口决策的影响研究[J]. 科研管理，2014，35(6): 94—101.

[80] Arrow K J. Economic welfare and allocation of resources for invention[Z]. Nber Chapters，1972(12): 609—626.

[81] 吴超鹏，唐菂. 知识产权保护执法力度、技术创新与企业绩效——来自中国上市公司的证据[J]. 经济研究，2016，51(11): 125—139.

[82] 叶会，李善民. 治理环境、政府控制和控制权定价——基于中国证券市场的实证研究[J]. 南开管理评论，2008(5): 79—84.

[83] 高洁，徐茗丽，孔东民. 地区法律保护与企业创新[J]. 科研管理，2015(3): 92—102.

[84] Stiglitz J E. Intellectual property rights，the pool of knowledge，and innovation[J]. Nber Working Papers，2014.

[85] 郭玉明，祁红梅. 资源视角下知识产权风险对合作创新绩效影响实证研究[J]. 科技进步与对策，2014，31(20): 97—101.

[86] 杜威剑，李梦洁. 产业集聚会促进企业产品创新吗？——基于中国工业企业数据库的实证研究[J]. 产业经济研究，2015(4)：1—9.

[87] 张豪，张建华，何宇，谭静. 企业间存在全要素生产率的溢出吗？——基于中国工业企业数据的考察[J]. 南开经济研究，2018(4)：102—119.

[88] 廉同辉，余菜花，袁勤俭. 集聚经济与皖江城市带制造业发展研究[J]. 经济地理，2013(12)：104—107.

[89] 沈鸿，陈丽娴. 中国制造业的市场集中、地理集中与企业绩效[J]. 财经论丛，2017(3)：3—10.

[90] 程中华，刘军. 产业集聚、空间溢出与制造业创新——基于中国城市数据的空间计量分析[J]. 山西财经大学学报，2015(4)：34—44.

[91] 于斌斌. 生产性服务业集聚如何促进产业结构升级？——基于集聚外部性与城市规模约束的实证分析[J]. 经济社会体制比较，2019(2)：30—43.

[92] 约瑟夫·熊彼特. 经济发展理论[M]. 北京：商务印书馆，1990.

[93] 徐则荣. 创新理论大师熊彼特经济思想研究[M]. 北京：首都经济贸易大学出版社，2006.

[94] Griliches Z. Issues in assessing the contribution of research and development to productivity growth[J]. Bell Journal of Economics，1979，10(1)：92—116.

[95] 秦天如，康玲，梁文群. 绿色低碳发展视域下人力资本的创新效应研究——基于区域工业企业面板数据的实证研究[J]. 中国人力资源开发，2018，35(4)：107—117.

[96] Huber G P. Organizational learning: the contributing processes and

the literatures[J]. Organization Science，1991，2（1）: 88—115.

[97] Ok W，Tergeist P. Supporting economic growth continuous education and training some preliminary results[C]. Meeting of National Economic Research Organisations，OECD Headquarters，2002.

[98] Levine R E，Renelt D. A sensitivity analysis of cross—country growth regressions[J]. American Economic Review，1992，82（4）:942—963.

[99] 沈坤荣，田源. 人力资本与外商直接投资的区位选择[J]. 管理世界，2002（11）: 26—31.

[100] 程广帅，胡锦锈. 人力资本积累对环境质量的影响[J]. 城市问题，2019（10）: 46—52.

[101] 姚先国，张海峰. 教育、人力资本与地区经济差异[J]. 经济研究，2008（5）: 47—57.

[102] Caroni O A. An empirical investigation of the determinants of R&D cooperation: An application of the inverse hyperbolic sine transfor mation[J]. Research in Economics，2012，66（2）: 131—141.

[103] 陈强. 高级计量经济学及Stata应用[M]. 北京：高等教育出版社，2014.

[104] 黄宇虹. 补贴、税收优惠与小微企业创新投入——基于寻租理论的比较分析[J]. 研究与发展管理，2018，30（4）: 74—84.

[105] 赖晓敏，张俊飚，何可，等. 地方行政长官的个人特质与区域农业科技创新效率[J]. 软科学，2018（7）: 44—47.

[106] 朱星文. 地方官员异质性、企业R&D投资与经济增长：一个理论分析框架[J]. 当代财经，2016（1）: 2—18.

[107] 傅利平，李永辉. 地方官员晋升竞争、个人特征与企业投资效率——基于我国779家上市公司面板数据的实证分析[J]. 管理现代化，2015(2): 40—42.

[108] 周黎安. 中国地方官员的晋升锦标赛模式研究[J]. 经济研究，2007(7): 36—50.

本研究由北京建筑大学研究生教育教学质量提升项目资助